DIE BAIERN UND DIE SCHWABEN

ALFRED WEITNAUER

DIE BAIERN UND DIE SCHWABEN

ALLGÄUER ZEITUNGSVERLAG KEMPTEN

Copyright 1977 Dr. Alfred Weitnauer †
3. Auflage. 11.–15. Tausend
Alle Rechte vorbehalten. ISBN 3 88006 032 0
Illustrationen und Umschlaggestaltung: Heinz Schubert
Gesamtherstellung: Allgäuer Zeitungsverlag GmbH, Kempten

Vorrede

Dieses Bändchen sollte eigentlich ein Schwabenporträt werden. Die passenden Kontrastfarben dazu gedachte ich mir von jenseits des Lech aus dem bajuwarischen Stammesraum zu holen. Dabei sind dann jedoch mit der Zeit so viele interessante und liebenswerte Gemeinsamkeiten und Gegensätzlichkeiten zutage und zusammen gekommen, daß aus dem geplanten Schwabenbüchlein ein Bändchen über „die Baiern und die Schwaben" geworden ist.

Wer den Verfasser kennt, wird von ihm sicherlich nicht erwarten, daß er als greifbare Anschauungsobjekte zum vorgegebenen Thema je einen Baiern und einen Schwaben – sei es anatomisch oder psychoanalytisch – fein säuberlich seziert und die ihres Blutes und Saftes beraubten Längs- und Querschnitte mit wissenschaftlicher Nüchternheit ohne jedes persönliche Engagement analysiert. Dennoch soll im nachfolgenden das Thema „die Baiern und die Schwaben" ernsthaft behandelt werden. Der Verfasser versteht allerdings dabei im Gegensatz zu dem von vielen Wissenschaftlern gepflegten Stil unter „ernsthaft" nicht die völlige Abwesenheit von Humor. Und noch eines darf im voraus gesagt werden, und es ist vielleicht besser, wenn ich es gleich eingangs gestehe: ich bin bezüglich des Themas nicht ganz unbefangen. Diejenigen, die mich kennen oder einen Teil dessen, was ich in vierzig Jahren gepredigt und zusammengeschrieben habe, wissen, daß es mir allezeit um die Ausräumung des ehedem stark ausgeprägten schwäbischen Minderwertigkeitskomplexes und um die Aufwertung der vordem nicht übermäßig gerecht beurteilten Schwaben gegangen ist. Wenn im folgenden die Baiern und die Schwaben betrachtet werden sollen, so tue ich es mit dem ernstlichen Vorsatz, ganz und gar objektiv zu sein. Mit anderen Worten: als Schwabe werde ich mir bei Behandlung des Themas mehr als ein Nichtschwabe es nötig hätte, die Zügel der Bescheidenheit anlegen, um die Lichtseiten des schwäbischen Stammes nicht zusätzlich zu beleuchten. Diesen meinen guten Vorsatz möge man schon daran erkennen, daß ich im Titel des Bändchens den Baiern den Vortritt lasse vor den Schwaben. Das soll natürlich kein vorweggenommenes Werturteil sein.

Um mich nicht allzusehr in liebevoll ausgemalten Details zu verlieren, muß ich mich nach der Art der Impressionisten in der Kunst des Weglassens üben und mich auf charakteristische Farbtupfen beschränken, die das Gesamte ahnen lassen. Manches braucht wohl auch deswegen nicht gesagt zu werden, weil es schon in einem meiner zahlreichen Büchlein gesagt worden ist, insbesondere in den Bändchen „Die Allgäuer Rasse" und „Auch Schwaben sind Menschen". Sollte es geschehen sein, daß ich den einen oder anderen Gedanken daraus wiederholte, möge der geneigte Leser das, was ihm bereits bekannt ist, als Repetitorium in Landes-, Stammes- und Heimatkunde ansehen.

Man kann fragen, ob es zeitgemäß sei, heutzutage, da die Menschen allerorten und alle Augenblicke aufgefordert werden, Europäer zu werden, ein Buch über „die Baiern und die Schwaben" herauszubringen. Hat nicht die junge Generation alles, was mit Geschichte und Tradition, mit Brauch und Herkommen und Stammeseigenart zu tun hat, längst abgeschrieben und zum Sperrmüll geworfen?

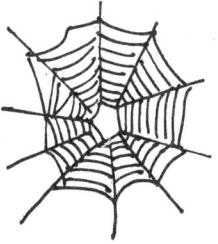

Dieses Büchlein wird uns zeigen, daß die Baiern und die Schwaben im Kern die Gleichen geblieben sind, die sie schon zur Zeit der Völkerwanderung vor eineinhalb Jahrtausenden waren; die Oberfläche freilich, die Politur ist im Laufe der Jahrhunderte vielleicht etwas glatter geworden. Aller Voraussicht nach werden sich weder die Baiern noch die Schwaben allzusehr ändern, wenn – was Gott verhüten möge – alle anderen eines Tages längst zu langweiligen und faden und einförmigen Euro-Amerikanern geworden sein sollten. Die „richtigen", d. h. die echten Baiern und Schwaben werden auch in Zukunft das bleiben, was sie immer gewesen sind. Davon, was bei den Baiern und bei den Schwaben „echt und richtig" ist, soll nunmehr die Rede sein.

Bayern und Baiern

Der Leser, der bis zu dieser Stunde der Meinung gewesen ist, Bayern schreibe man mit „y", wird sich fragen, was es mit der ungewöhnlichen, vermutlich altmodischen Schreibung „Baiern" auf sich habe. Die Sache ist die: bis zum Jahre 1805, d. h. ehe das Kurfürstentum Baiern ein Königreich wurde, da schrieben sich die Baiern mit einem einfachen „i" und einem Tüpfle drauf. 1805 aber vertauschte man dann das gewöhnliche und ziemlich vulgäre „i" mit dem pompösen und wesentlich repräsentativeren „y", auf das man ehedem, als man noch mehr Zeit hatte, sogar zwei Tüpfle setzte. Wenn Buchstaben Kleider trügen, dann schritte das „y" in einem Purpurmantel auf einem roten Teppich in Weihrauchwolken einher als ein wahrhaft königlicher Buchstabe. So sind denn auch die Bayern mit „y" die Bewohner des einstigen Königreichs Bayern, des heutigen Freistaats Bayern. Zu diesen Y-Bayern gehören viele, die der Herkunft und dem Wesen und dem Stamm nach erst verhältnismäßig späte Errungenschaften des bayrischen Staates sind, wie z. B. Franken oder Schwaben. Aber zu den Y-Bayern gehören auch die I-Baiern, die Altbaiern, die Urbaiern, die echten Baiern, die vorwiegend die heutigen Regierungsbezirke Ober- und Niederbayern bevölkern. Diese Altbaiern bilden die bayrische Mitte, sozusagen den bayrischen Atomkern, um welchen die von ihm eingefangenen und von weisen Gesetzen festgehaltenen, bisweilen unruhigen fränkischen und schwäbischen Partikel kreisen. Waschechte I-Baiern dagegen sind der Herkunft und dem Stamme nach ein großer Teil der heute außerhalb der politischen Grenzen Bayerns lebenden Österreicher, die Bismarck einmal galanterweise als das Bindeglied zwischen Menschen und Baiern bezeichnet hat.

Aus dieser Klarstellung wird der aufmerksame Leser den Schluß ziehen, daß das altbairische Kerngebiet das Land ist, wo die boarischen Buam und Madeln, die Sennerinnen, die Wildschützen

und Schuhplattler hausen, das Land, wo König-Ludwig-treue Menschen üppige Grüß-Gott-Hosenträger tragen und ihre Häupter mit grünen Samthütlein und gewaltigen Gamsbärten zieren, das gelobte Land, wo man Bier aus steinernen Literkrügen trinkt und dazu Rettich ißt oder Zither spielt. Ein solches Bildklischee bedarf vieler Korrekturen. Das grüne Samthütlein z. B. schmückt heute auch nicht-bairische Köpfe und der Grüß-Gott-Hosenträger auch nicht-bairische Männerbrüste. Ganz zu schweigen von den Gamsbärten, deren gewaltigste Exemplare sich weitgehend Preußen angeeignet haben.

Besseres Baiern-Merkmal: Wenn jemand im Gasthaus „ein Bier" bestellt und eine Kellnerin – wohlverstanden: nicht ein „Ober" – stellt daraufhin wortlos einen Maßkrug hin. Aus diesem Indiz kann mit ziemlicher Gewißheit gefolgert werden, daß man sich in Baiern befindet. Einschränkend muß allerdings bemerkt werden, daß natürlich nicht jeder, der einen Maßkrug vor sich stehen hat, nun gleich ein Baier zu sein braucht. Den rechtmäßigen Baiern erkannte man ehedem daran, daß er ausschließlich dunkles Bier trank. Dieses Jahrhunderte alte gute Herkommen ist erst korrumpiert worden durch die Fremden aus Norddeutschland, die nach Baiern kamen und so lange und nachhaltig nach hellem Bier riefen, bis die gutmütigen Baiern sich dreingaben und zum Schluß selber helles Bier zu trinken begannen. Die Umstellung setzte kurz vor dem Ersten Weltkrieg ein. Daher kommt die resignierte bairische Feststellung: „mit'm hellen Bier is o'ganga und mit der Republik hots aufghört."

Nicht jeder, der zu einem des Weges kommenden Fremdling „Grüß Gott" sagt, braucht ein Baier zu sein. „Grüß Gott" oder – je nachdem – „Grüß Gottle" sagen auch die Schwaben. Um der historischen Wahrheit willen müssen wir allerdings den Baiern zugestehen, daß zwischen 1933 und 1945 ihre Hauptstadt von der ursprünglichen offiziellen „Hauptstadt der Bewegung" zur inoffiziellen „Hauptstadt der Grüß-Gott-Bewegung" geworden ist.

Nach dem bisher Gesagten braucht wohl nicht eigens bemerkt zu werden, daß es eine nicht zutreffende Vereinfachung wäre, wenn man glaubte, in Bayern spreche man bayrisch. Eine bayrische Sprache oder Mundart gibt es nicht; nur eine bairische. Diese bairische Mundart wird nur gesprochen im altbairischen Kerngebiet des Landes Bayern, genauer gesagt im altbairischen Fünfeck. Geographisch wird dieses Fünfeck im Süden begrenzt von den bairischen Alpen zwischen Berchtesgaden und dem Lech, im Westen vom Lauf des Lechflusses, der im Jahre 565 erstmals als Stammesgrenze zwischen Baiern und Schwaben genannt wird; im Norden von dem Punkt, wo der Lech in die Donau mündet, der Donau nach bis Regensburg, von da ein Stück über die Donau hinüber bis zur Stadt Furth im Bayrischen Wald, den Kamm des Böhmerwalds entlang bis in die Höhe von Passau; die Ostgrenze bildet der Lauf des Inn von Passau an aufwärts bis zur Mündung der Salzach und dann deren Lauf aufwärts bis dahin, wo sie aus den Bergen tritt (Lachner). Um es auf eine ganz kurze und nunmehr hoffentlich verständliche Formel zu bringen: mit „Bayern" meinen wir den heutigen Staat Bayern und alle seine Bewohner; mit „Baiern" meinen wir den Stamm, der diesem Staat den Namen gegeben hat, und alle Angehörigen dieses Stammes.

Es wird also im folgenden die Rede sein einerseits von den Schwaben und andererseits von den Baiern. Wir werden einiges finden, worin sie sich gleichen, vieles, worin sie sich voneinander unterscheiden. In der Hauptsache aber geht es uns darum, festzustellen und zu zeigen, was für die echten Schwaben und was für die echten Baiern typisch ist.

Herkunft der Schwaben

Woher kommen die Baiern und die Schwaben, die seit eineinhalb Jahrtausenden östlich und westlich des Lechflusses hausen?
Wir behandeln zunächst die Herkunft der Schwaben, weil in diesem Fall die Verhältnisse wesentlich einfacher liegen als im Falle der Baiern; denn darüber, woher die Schwaben kommen, wissen wir heute genau Bescheid.

Es hat jedoch Zeiten gegeben, wo man auch bezüglich der Herkunft der Schwaben alle möglichen Hypothesen auf- und gegeneinander stellte. Wir wollen nur eine einzige dieser inzwischen überholten Hypothesen anführen, weil wir glauben, daß man sie dem Leser wegen ihrer Kühnheit nicht vorenthalten sollte. Diese Hypothese lautet: beim Auszug der Kinder Israel aus dem Lande der Ägypter ist einer der zwölf Stämme Israels beim Marsch durch die Wüste Sinai abhanden gekommen, sei es, daß er sich absichtlich von den anderen elf Stämmen abgesetzt und selbständig gemacht hat, sei es, daß er sich bloß verlaufen hat und in der falschen Richtung weitermarschiert ist, bis er schließlich im heutigen Schwabenland anlangte. Nach dieser Theorie wären die mit ahasverischer Unruhe begabten Schwaben also nichts anderes als jener verlorene zwölfte Stamm der Kinder Israel. Diese Hypothese gilt, wie bereits gesagt, inzwischen als überholt, wiewohl wir nicht verschweigen wollen, daß es einige gewichtige Indizien gibt, die für ihre Richtigkeit zu sprechen scheinen. Eines dieser Indizien ist die Tatsache, daß im Jahre 1860 der bayrische Landgerichtsarzt Dr. Bernhard Zör von Immenstadt in einen Fragebogen des Königlich-bayrischen Staatsministeriums für Unterricht und Kultus, das im Rahmen einer Landeserhebung u. a. die Zahl der in den bayrischen Gerichtsbezirken ansässigen Juden wissen wollte, folgendes schrieb: „Juden gibt es im schwäbischen Allgäu keine, da sie sich wegen der geschäftlichen Tüchtigkeit der Eingeborenen nicht zu ernähren wissen."

Und ein Zweites: mein langes und letztlich erfolgreiches Bemühen um die moralische Wiederaufrüstung der Schwaben galt in den dreißiger Jahren zunächst meinen näheren Landsleuten, den bayrischen Schwaben, d. h. den schwäbischen Bewohnern des bayrischen Regierungsbezirks Schwaben. Meine Versuche, dem angeschlagenen Selbstbewußtsein vieler bayrischer Schwaben wissenschaftlich fundierte Korsettstäble einzuziehen, scheinen aber manchem weh getan zu haben. So erhielt ich denn im Jahre 1935 unter anderen Schmäh- und Drohbriefen auch einen anonymen Brief, in dem folgendes geschrieben stand: „Ich bin zwar gebürtiger Mindelheimer, lasse mich aber deswegen von Ihnen noch lange nicht zum Schwaben machen. Ich bin und bleibe arischer Abstammung." Sollte der „verlorene Stamm" vielleicht doch noch da und dort in schwäbischen Köpfen nisten oder im schwäbischen Unterbewußtsein gespeichert sein?

Nach dieser kurzen Abschweifung wollen wir nunmehr aber die Antwort auf die Frage nach der Herkunft der Schwaben nach dem heutigen Stande der Wissenschaft geben. Die Schwaben sind ein westgermanischer Stammesverband, der vorwiegend aus Semnonen bestanden hat und der vor rund zweitausend Jahren im Gebiet der Havel und der Spree und nordwestlich und nördlich davon bis zur Mündung der Elbe und bis zum Gestade der Ostsee seine Heimat hatte. Deswegen hieß die heutige Ostsee im Altertum „Suebicum mare" – „Schwäbisches Meer". Nach langen Wanderungen und auf weiten Umwegen sind die Schwaben schließlich an ihren heutigen Platz gekommen.

Da der römische Geschichtsschreiber Tacitus (55–116 n. Chr.) die Semnonen als den volkreichsten und zugleich vornehmsten Stamm der Elbgermanen bezeichnet hat, sind die Schwaben also ihrer Herkunft nach eine Art „Edelpreußen".

Und woher kommen nun die Baiern? Darüber gibt es viele Meinungen, Theorien und Hypothesen. Wir beschränken uns auf die Wiedergabe der wahrscheinlichen. Nach einer in neuerer Zeit aufgekommenen Lehrmeinung sollen die Baiern im Gebiet von Baia am Schwarzen Meer ihre Urheimat und davon den Namen „Baiabari" gehabt haben. Die Tatsache, daß die Baiern einwandfreie Germanen sind, spricht aber eher für eine Herkunft aus dem Norden; allerdings ist es eine feststehende Tatsache, daß die Baiern nicht von Norden, sondern von Böhmen aus ins heutige Baierland eingerückt sind. Böhmen aber ist auch die Urheimat der keltischen Boier gewesen, von denen die Baiern außer dem Namen ein Stück keltischer Erbmasse mitbekommen haben könnten. Sind also die Baiern „böhmische Germanen"?

Vieles spricht für die folgende Annahme: die Alemannen, die Bajuwaren, die Langobarden und noch ein paar andere Stämme bildeten in vorgeschichtlicher Zeit die große suevische Völkerfamilie, die, wie wir bereits bei der Behandlung der Herkunft der Schwaben gehört haben, im heutigen Norddeutschland mit dem Schwerpunkt untere Elbe saßen.

„Saßen", das hört sich geradezu idyllisch an. Historiker und Prähistoriker sind sich darin einig, daß alle Völkerstämme der vorgeschichtlichen Zeit sich hier oder dort in sitzender Stellung aufgehalten haben. Aber man darf das nicht allzu wörtlich nehmen, denn niemand kann jahrhundertelang bloß herumsitzen. Es ist anzunehmen, daß man zwischendurch immer wieder einmal aufgestanden ist, nicht allein, um zu lustwandeln, sondern auch um Raubzüge zu unternehmen und Kriege zu führen; dies in der Absicht, dem Gegner Weiber, Vieh und Felder und alles, was sein ist, zu nehmen, wenn nicht gar den Konkurrenten ganz und gar auszuradieren – ein gutes Training für die folgende Zeit der Völkerwanderung.

Herkunft der Baiern

Diese Völkerwanderung führte die beiden großen suevischen Bruderstämme, die Schwaben und die Baiern, zunächst in das Herzland des späteren Preußen, in die Mark Brandenburg. Hier erst vollzog sich dann im ersten Jahrhundert vor Christus die Trennung der Schwaben von ihren bairischen Brüdern. Man könnte sich das etwa so denken: der unruhigere Teil der zunächst noch bestehenden „Volksgemeinschaft", d. h. jener Teil, der mehr fürs Marschieren und Unternehmen war – die späteren Schwaben – machte sich auf den Weg und wanderte aus. Der andere Teil, der mehr fürs Gemütliche und Beschauliche und fürs „Zeit lassen" war, blieb zunächst einmal da, um abzuwarten – die späteren Baiern. Die Schwaben zogen von der Mark Brandenburg aus gegen Südwesten bis hin zum Main und Neckar und verdrängten hier die an diesen lieblichen Flußgestaden siedelnden Kelten. Aber noch ehe das Jahrhundert zu Ende ging, mußten die Schwaben im Jahre 8 v. Chr. ihre schönen neuen Wohnsitze am Main, am Neckar und am Oberrhein den einmarschierenden Römern preisgeben.

Die Bajuwaren hatten mit dem Abwarten das bessere Teil erwählt. Sie blieben nach dem Abzug ihrer suevischen Brüder noch eine Zeitlang in der Mark Brandenburg sitzen, so lange, bis von Westen her ebenfalls die Römer anmarschierten. Nun hätten die Bajuwaren nur weiterhin ruhig sitzen zu bleiben brauchen, und sie wären von den Römern auf deren erprobte Art befriedet, d. h. entweder totgeschlagen oder zu Sklaven gemacht worden. Da indessen die Bajuwaren offenbar keinen Wert darauf legten, auf diese Weise an den Segnungen der mittelmeerischen Kultur teilzunehmen und schon so früh kultiviert und zivilisiert zu werden, entschlossen sie sich – vermutlich schweren Herzens – vor den anrückenden Römern nach Osten auszuweichen. Als die römische Gefahr vorbei war, rückten dann die Bajuwaren von Böhmen her wieder nach Westen vor, von Böhmen zum Lech. Daher also die „böhmischen Germanen".

Nach neueren Forschungen sind die Baiern ein Gemisch aus Markomannen, Quaden, Naristen, suevischen und ostgotischen Splittergruppen, Skiren, Turkilingern, Rugiern und Restbeständen von keltischen, slavischen und illyrischen Stämmen (Eberl), also eine Art Tutti frutti, eine Völkerwanderungsauslese, ein Verschnitt von Stämmen und Rassen, die der Baier von heute zum Teil als „Zuagroaste", zum Teil sogar als „Schlawiner" bezeichnen würde.

Eine solche Theorie, auch wenn sie modern ist, kann uns nicht gefallen. Wir wenden uns daher einer anderen zu. Danach sollen die späteren Baiern in vorgeschichtlicher Zeit nichts anderes als ein Teil des gesamtschwäbischen Stammes gewesen sein. Erst im Laufe der Jahrhunderte hätten sich die Baiern dadurch ganz allmählich als Besonderheit herausgebildet, daß sie zur schwäbischen Stammwürze noch da und dort irgendwo und irgendwann eine Reihe neuer liebenswerter Eigenschaften dazu erworben haben, die das eigentliche, heute so beliebte bairische Aroma ausmachen.

Für diese Annahme spricht, daß sich Baiern und Schwaben noch in historischer Zeit im gemeinsamen Abwehrkampf gegen die Franken durchaus als enge Verwandte fühlten und verstanden. Gegen die Franken, die Preußen des Mittelalters, die am liebsten den ganzen Tag registriert und exerziert und kommandiert hätten, kämpften Baiern und Schwaben seit dem Jahre 470 immer wieder Schulter an Schulter bis zur endlichen gemeinsamen Niederlage im Jahre 746. Noch einmal, mehr als tausend Jahre später, anno 1866, ist die bairisch-schwäbische Stammes- und Blutsbrüderschaft im gemeinsamen Haß und Kampf gegen die richtigen Preußen zum Ausdruck gekommen, wieder bis zur gemeinsamen Niederlage.

Inzwischen haben sich die Baiern und Schwaben aber mit ihrem Los abgefunden. Heute lassen sie sich willig durch die Franken von München aus regieren.

Der heutige Name „Baiern" als Stammesbezeichnung erscheint erstmals im Jahre 536. Aber noch im 9. Jahrhundert ist es bisweilen vorgekommen, daß man die „Baiern" als „Schwaben" ansah und bezeichnete (Eberl).

An diesem kritischen Punkt angelangt, möchte ich die Untersuchung über die Herkunft der Baiern abbrechen, weil angenommen werden muß, daß es für einen stammesbewußten Baiern u. U. schmerzlich sein könnte, mit einem historischen Beweis konfrontiert zu werden, der darauf hinausläuft, daß die Baiern im Kern nichts anderes sind als in der Wolle weiß-blau eingefärbte Schwaben. Die Frage, ob ein stammesstolzer Baier es als süß und ehrenvoll empfindet, preußischer Abstammung zu sein, kann nicht ohne weiteres bejaht werden. Soviel aber darf gesagt und als kleiner Schönheitsfehler festgehalten werden: die Urheimat der Schwaben wie der Baiern ist Norddeutschland. Bei den Schwaben ist das sicher; bei den Baiern ist es nicht ganz so sicher, es muß aber befürchtet werden.

Empfindsamen Lesern sei versichert, daß es bei diesem einen Schock bleibt und daß von jetzt an sowohl über die Baiern wie die Schwaben nur noch Erfreuliches berichtet wird.

Die Räter

Die Baiern und die Schwaben sind nicht die ersten gewesen, die das Land östlich und westlich des Lech in Besitz genommen haben. Vor ihnen waren schon andere Leute da, von denen sowohl die bairische wie die schwäbische Erbmasse profitiert haben dürfte. Die Ersten, von denen wir Kunde haben, daß sie im heutigen Gebiet zwischen Salzach und Bodensee die Alpenpässe, die Oberläufe der Alpenflüsse und entlang der Berge einen Streifen Voralpenland innehatten, waren die bis heute recht rätselhaften Räter. Die Räter, ein kulturell hochstehendes Volk – wahrscheinlich keine Indogermanen und auf irgendeine Weise verwandt mit den Etruskern – hatten sich, vermutlich von Süden kommend, in den östlichen Kantonen der heutigen Schweiz und im ganzen heutigen Tirol einschließlich Südtirol niedergelassen, sich aber in der Folgezeit, wie Orts-, Berg- und Flußnamen verraten, auch des heute bairischen und schwäbischen Voralpenlandes bemächtigt. Die Räter beteiligten sich an dem damals schon bestehenden Durchgangshandel und Fremdenverkehr, der von Norden nach Süden und von Süden nach Norden über die Alpenpässe ging, auf so wenig uneigennützige Weise, daß sie in den römischen Quellen schlicht als „Räubergesindel" bezeichnet werden. Nun darf man freilich diese pauschale negative Klassifizierung durch die Römer nicht allzu wörtlich und nicht allzu tragisch nehmen. Es gehörte zum bewährten psychologischen Instrumentarium der römischen Diplomatie, Völker, die man demnächst anzugreifen gedachte, als gemeingefährliche Aggressoren zu bezeichnen. Es bedurfte allerdings dann großer Anstrengungen des römischen Generalstabs und der römischen Kriegsmaschinerie, bis es in mehreren Anläufen endlich gelang, diese „wilden und unzivilisierten und bösen rätischen Barbaren" zu liquidieren. Da uns keine anderen als römische Quellen zur Beurteilung der alten Räter zur Verfügung stehen, diese aber keine rühmens- oder liebenswerten Eigenschaf-

ten über die ältesten, geschichtlich eben noch greifbaren Bewohner unseres Landes überliefern, können wir nicht sagen, ob vielleicht ein Stücklein alträtischer Erbmasse im modernen Fremdenverkehrsgewerbe des alten Rätergebiets zum Tragen kommt.

Keltische Erbschaft

Mehr als von den Rätern – und dabei manch Gutes – ist von den Kelten bekannt, von denen die Baiern wie die Schwaben mancherlei geerbt und übernommen haben; die einen mehr von dieser keltischen Eigenschaft, die anderen mehr von jenem keltischen Talent. Gemeinsames bairisch-schwäbisches Erbteil ist, um mit den positiven Seiten der keltischen Erbschaft zu beginnen, die überdurchschnittliche Lust am männerlabenden Umtrunk und die Freude am Tatenruhm, d. h. an tätlichen Auseinandersetzungen. Beide Eigenschaften waren bei den Baiern um die letzte Jahrhundertwende noch stilrein erhalten und bedürfen also keiner historischen Beweisführung.

Die Schwaben aber, denen man dergleichen Tugenden heute gar nicht mehr zutrauen möchte, haben in der ganz guten alten Zeit mindestens ebensoviel Lust an kühlen Bieren gehabt wie die Baiern. Schon zu Beginn des 5. Jahrhunderts preist der Prediger Salvianus von Marseille die Schwaben als potente Säufer. Und mehr als tausend Jahre später schreibt anno 1534 der Donauwörther Sebastian Franck über die Schwaben also: „Das Saufen hat dieses Volk mit allen säuischen Teutschen gemein."

Hier muß zur Ehrenrettung der Baiern wie der Schwaben eine religionsgeschichtliche Anmerkung gemacht werden. Für einen rechten Baiern ist Bier auch heutzutage noch mehr als ein bloßes durststillendes Getränk, mehr als ein bloßes Genuß- und Nahrungsmittel. Bier ist für ihn, wahrscheinlich allerdings nur noch im Unterbewußtsein, ein kultisches Getränk, ein Weihetrunk. Der letzte bis heute verbliebene Rest der Weihung ist der fromme Wunsch „Prosit", das heißt: „Möge es dir gut tun!"

Obwohl man in Baiern und in Schwaben schon seit mehr als hundert Jahren nicht mehr nach Eimer und Maß rechnet, sagt man aus Pietät und Ehrfurcht immer noch „Maßkrug" und nicht „Literkrug"; noch immer hat der Maßkrug in Baiern die gehobene Bedeutung eines Kultgefäßes. Wer bei der Kellnerin „einen Liter Bier" bestellt, braucht kein einziges Wort mehr zu sagen; er hat sich als Preuße entlarvt.

Daß auch christkatholischen Baiern die Starkbierzeit von nicht geringerer Wichtigkeit und Weihe erscheint als die liebe Weihnachtszeit, ist bekannt. Es ist der letzte Rest eines Kultkalender-Denkens, wenn die Frau eines Schwerkranken sagte: „Durch n Salvator ham mrn no durchbracht, aber an Maibock werd er nimmer derkraften" (Lutz).

Der bairische Hofbräuhaus-Stammgast, der letzte legitime Nachkomme altkeltischer Bierfürsten, der bis vor kurzem – wie es schien – unerschöpflichen Stoff für Literaten und Karikaturisten geliefert hat, war für Fremde und Einheimische eine Art Garant wohlfundierten Baierntums. Sein Make-up schildert bereits der griechische Geschichtsschreiber Diodor, der vor zweitausend Jahren über die Kelten sagt: „Ihr Fleisch ist fast krankhaft weichlich und weiß. Die Vornehmen rasieren sich die Wangen glatt, lassen den Schnurrbart aber lang nach unten wachsen, so daß er den Mund verdeckt. Wenn sie essen, hängt ihnen der Schnurrbart in die Speise; wenn sie trinken, fließt das Bier wie durch eine Fischreuse."

Die Kelten aßen am liebsten Fleisch; Gemüse verabscheuten sie. Bis zum heutigen Tag wird ein Hofbräuhaus-Stammgast, dem die Kellnerin zur bestellten Kalbshaxe die obligate Salatplatte serviert, Salatplatte und Kellerin nur mit einem Blick stillschweigender, jedoch abgrundtiefer Verachtung zur Kenntnis nehmen. Sowohl bei den alten Baiern wie bei den alten Schwaben war das weibliche Geschlecht vom männerlabenden Umtrunk streng ausgeschlossen, woraus man abermals ersehen kann, daß es sich bei den Symposien unserer Vorfahren um gehobene, gottesdienstähnliche Zusammenkünfte handelte. Bis auf den heutigen Tag ist in Altbaiern der sonntägliche Frühschoppen nach der Kirche geheiligte und deshalb reine Männersache.

Zur keltischen Erbschaft gehört des weiteren die Freude am Tatenruhm, der Hang zu tätlichen Auseinandersetzungen. Bei den rituellen keltischen Bierfesten – im übrigen genauso noch bei den späteren alemannischen, von denen wir durch die Missionstätigkeit Columbans Kenntnis haben – waren Damen durchaus unerwünscht und nicht geduldet. Indes gestand man dem zarten Geschlecht andererseits bei profanen Schlägereien und Raufereien ein Maß an Gleichberechtigung zu, welches das 20. Jahrhundert noch nicht wieder erreicht hat. Der römische Geschichtsschreiber Ammianus Marcellinus schreibt zu Ende des 4. Jahrhunderts über die Kelten: „Wenn einer Händel anfängt und dabei von seiner Frau, welche sehr stark und blauäugig ist, unterstützt wird, so wird es ein Haufe von Fremden nicht mit ihnen aufnehmen können, besonders wenn das Weib, den Nacken in die Höhe werfend, die ungeheuren weißen Arme schwingt und gleich einer Wurfmaschine Faustschläge und Fußtritte um sich schleudert."

Beide Vorzüge, sowohl der Bier- als der Tatendurst als keltisches Vermächtnis scheinen sich bei den Schwaben von heute wenn nicht völlig, so doch weitgehend verloren zu haben. Man darf daraus schließen, daß die Schwaben entweder leichter zu zähmen sind als die Baiern, oder aber, daß die Baiern in bezug auf die Bewahrung guter alter Sitten konservativer und beständiger sind als die Schwaben.

Auch die Freude an Lärm aller Art scheint keltisches Erbteil zu sein. Ich zweifle nicht daran, daß von den scheppernden Schützenketten und den taler- und hirschgrandl-behängten Uhrketten der letzten bairischen Trachtenträger ein schnurgerader Weg zurückführt zum Klapperschmuck der lärmfreudigen hallstattzeitlichen Kelten. Was wir, ihre degenerierten Nachkommen, als Lärmbelästigung und Umweltschädigung empfinden, wäre für die Kelten wahrscheinlich eitel Ohrenschmaus gewesen.

In die gleiche Schublade gehört auch die Begabung, Schimpfworte und Flüche von monumentaler Erhabenheit zu formulieren und sie lautstark zum Vortrag zu bringen. Die Baiern haben von diesem Talent offensichtlich mehr geerbt als die Schwaben, wenn man daran denkt, daß der Blitzschwab, einer der berühmten „Sieben Schwaben", als er von einem Baiern aufgefordert wurde, doch einmal ganz gotteslästerlich zu fluchen, außer seinem „Potz Blitz" nur einen einzigen für seine Begriffe höllischen Fluch hervorzubringen wußte: „Daß dich das Mäusle beiß!"

Vielleicht gehen die bairischen Trutzgesänge, die noch zu Beginn dieses Jahrhunderts allenthalben auf ländlichen Tanzböden gesungen worden sind, auf den schon von den Griechen Homers praktizierten und auch von den Kelten mit Hingabe geübten Brauch zurück, den Feind vor der Schlacht durch Schimpfworte und ohrenbetäubenden Lärm zu demoralisieren.

Die Gegenwart kennt diese Form der psychologischen Kriegführung, der Einschüchterung des Gegners, noch bei Boxweltmeisterschaften. Um den akustischen Effekt ihrer Einschüchterungsversuche zu steigern, benutzten die erfindungsreichen Kelten ihre Schlachtschilde als Lautverstärker. Ein römischer Berichterstatter schreibt, die germanischen und keltischen Gesänge vor der Schlacht klängen wie das Gekrächze heiserer Raben. Immerhin: das, worauf es den Sängern angekommen ist, wurde erreicht: die krächzenden Krieger jagten den Römern auf der Gegenseite Angst und Schrecken ein, auch wenn deren Kriegsberichterstatter aus sicherer

Entfernung weit hinter der Front glaubten, Text, Melodie und Vortragsweise jenes „Gebets vor der Schlacht" bemängeln zu müssen. Auch die bairischen Burschen auf dem Tanzboden im Dorfwirtshaus wollten und wollen anwesende Burschen eines anderen Dorfes vor Ausbruch der obligaten Saalschlacht demoralisieren und ihnen möglichst viel Schneid abkaufen, indem sie sie mit spitzen Bemerkungen reizen – ganz so, wie es auch zu Beginn eines spanischen Stierkampfes mit spitzen Speeren zu geschehen pflegt.

>Vom Unterland auffer
>auf an Loaterwagn
>zum Hanggln, zum Schmeißn
>sein mers auffergfahrn   (Tirol)

Nach einem Introitus solcher Art beginnt die systematische Provokation des Gegners, d. h. der anwesenden Burschen des anderen Dorfes:

>Hinta mir, vorder mir
>kraht alleweil a Hahn.
>Mir war ja viel lieber
>er packat mi an   (Tirol)

Da der Gegner sich bemüht, Gelassenheit zu zeigen, wird nun ein ganz spezieller Kontrahent als Zielscheibe des Spottes anvisiert und aufs Korn genommen:

>Schaugts amol den Gimpel o,
>wie der durt sitzt!
>Kaufts eahm doch an Kreuzerkipf,
>ob er den frißt?   (Baiern)

Hierauf beginnt sich der Gegner zu formieren:

> Buama, wanns raufen wollts,
> derfts as bloß sagn.
> D'Messa san gschliffa
> und d'Pratzn san gladn   (Baiern)

Dem vorstehenden Chorgesang folgt ein Solo des Vorkämpfers:

> Oan und zwoa fürcht i net,
> drei und vier aa no net,
> fünf und sechs müessens sei',
> dann erst is fei'   (Baiern)

Ihm stellt sich, wie wir es aus der Geschichte vom Zweikampf Davids mit Goliath kennen, ein Prominenter der Gegenpartei, seine eigene Kraft rühmend, die Schwäche des Gegners aber verhöhnend:

> A frischa Bua bi' n i,
> koa gliedawoachá.
> Geh her, bals d a Schneid hast,
> du Hosnsoachá   (Baiern)

Nun folgen, „in Reimen gestellt" und gesungen, obligate Formalitäten, die den Fortgang der Handlung erläutern und die Zeit bis zum Beginn des Kampfes überbrücken:

> Jetzt hat er ans gsunga,
> dös Ding hat mi gschreckt,
> hat d'Spielleut auszahlt
> und an Stoßring angsteckt   (Tirol)

Da bei bajuwarischen Mensuren die Einrichtung von Sekundanten unbekannt ist, gibt der Kämpfer selbst seinem Kontrahenten die Verhaltensregeln bekannt:

> Büeberl, wann d schlagst,
> schlag grad nit auf d'Augn,
> daß i no sehgn kann
> deine Scherbn zsammklaubn   (Tirol)

Nunmehr kann der allgemeine Kampf beginnen. Falls nach dessen programmgemäßem Verlauf noch ein paar ungefällte Recken im Saale stehen, bestreiten sie etwa folgenden Gesang:

> Sein mer Löllinger mir,
> sein mer wild wie die Stier,
> wann niem'd mehr will raffa,
> nachher raffn erst mir   (Kärnten)

Wiewohl von großer Kampfeslust und gewaltiger Kampfkraft, verachten die Baiern und die Schwaben gleich den Kelten übertriebene Disziplin und jeglichen militärischen Drill. Sie unterscheiden sich dadurch von den nachmaligen Preußen auf sympathische Weise. Als fanatische Individualisten haßten die Kelten alles, was nach Zwang, Ein- oder Unterordnung aussah.

Ob die schwäbische Betriebsamkeit, Unstetigkeit und Unternehmungslust, die Freude am Fortschritt und an technischen Neuerungen schon von den Kelten vorprogrammiert worden ist oder ob diese Talente aus der schwäbisch-alemannischen Mitgift stammen, wird man kaum mehr unterscheiden können. Aber der künftige Allgäuer „Mächeler" hat zweifellos sein Urbild bereits in jenem keltischen Krieger, der den Griff seines Schildes ausgehöhlt hatte, um seine Barschaft darin unterzubringen. Diese kleine praktische Erfindung wurde gemacht zu einer Zeit, als die Kelten noch in paradiesischer Nacktheit, nur mit Schwert und Schild bekleidet, gegen die eisengepanzerten Römer antraten – genauso wie Jahrhunderte später, anno 963, ihr berühmter Nachfahre Heinrich der Kempter.

Das Verhältnis der Geschlechter war bei den Kelten alles andere als verklemmt oder frustriert. Völlig legal praktizierten sie die einjährige Probe-Ehe, deren letzter Ausläufer vielleicht die altbairische „Probier" ist, wie sie noch zu Lebzeiten Ludwig Thomas im Altbairischen geübt worden ist.

Für den Hausgebrauch und für Zwecke der Repräsentation hatte der keltische Mann seine legitime eheliche Matrone; neben ihr aber je nach Leistungsfähigkeit und Vermögen noch ein paar Nebenfrauen, teils als Arbeitskräfte, teils so. Die Nebenfrauen oder Konkubinen wurden von den keltischen Ehemännern in der Regel für die Dauer eines Jahres auf dem Jahrmarkt gedungen, so wie man es bis in die neueste Zeit in den ländlichen Bereichen Baierns und Schwabens mit dem Gesinde auf „Lichtmeß" tat.

Nicht erhalten hat sich, weder in Baiern noch in Schwaben, der von Bonifatius, dem Apostel der Deutschen, gerügte schöne Brauch unserer Altvorderen, teuren Verstorbenen bei deren Begräbnis gefüllte Schüsseln mit Speisen und schäumende Humpen ins Grab mitzugeben. Erhalten dagegen hat sich vielerorts in Baiern und Schwaben die von Bonifatius in gleichem Zusammenhang beklagte Sitte, Verstorbenen dadurch eine „letzte Ehre" anzutun, daß man sich beim Leichenmahl den Leib mit Speisen anfüllt und mit Bier bis obenhin vollaufen läßt. Friedlich wohnen hier in der Volksseele Christentum und Heidentum zusammen.

Auf Sonstiges, was sich bei Baiern und Schwaben aus der keltischen Erbschaft in Veranlagung und Lebensäußerungen erhalten hat, werden wir aus gegebenem Anlaß zu sprechen kommen.

Schweine und Löwen

Zu den Tugenden des schwäbischen Stammes gehört die auffallende Reinlichkeit. Die Baiern haben eine ganze Anzahl anderer Tugenden. Aber daß sie der Reinlichkeit in alter Zeit nicht mit gleicher Aufdringlichkeit zu huldigen pflegten wie die Schwaben, hat letzteren offenbar genügt, um ihre bairischen Stammesbrüder jenseits des Lech jahrhundertelang in schöner Verallgemeinerung schlicht als „Baiersäue" zu bezeichnen. Dabei ist das weder eine bloße abwertende Redensart noch eine liebenswürdige Stammesneckerei gewesen; die „Baiersäue" sind ein wirtschaftsgeschichtliches Faktum. Die bairischen Stammlande waren nämlich lange, ehe sie durch das allda gebraute Bier in der Menschheit Munde kamen, berühmt durch Schweinezucht und Schweine-Export. In großen Herden trieb man die in Baiern gezüchteten Schweine als bairischen Exportschlager und Devisenbringer Nummer eins in die benachbarten Länder. So kam es, daß poetische Gemüter bisweilen vom Herkunftsland der edlen Borstentiere als vom „Saulandl" oder von „Saubaiern" gesprochen haben.

> Wann i Geld hätt wia Schneid,
> tat i 'm Boarfürsten Post:
> i ließ n glei fragn,
> was sei' Saulandl kost'   (Baiern)

Aus Gründen der historischen Wahrheit sollte festgestellt werden, daß schon längst und in weitem Bereich von „Saubaiern" die Rede war, ehe diese ihrerseits die Sau den unschuldigen Preußen angehängt haben; unschuldig deswegen, weil sich die Preußen unseres Wissens zu keiner Zeit durch Schweinezucht auszuzeichnen pflegten.

Dr. Johann Joseph Pock (1675–1735), kurfürstlich-bairischer Hofrats-Advokat, beklagt in seinem 1718 zu Augsburg erschienenen Geographie- und Geschichtsbuch, daß man die Baiern als

„Saubaiern" bezeichne, „weil man in Baiern so viel Säu zieglet... Baiern ist aber dißfals von Gott mit sonderem Seegen angesehen, dass solches jährlich eine solche Menge Schwein zieglen kan, welche aus dem Land hinweggeführt, von anderen mit grösster Lust verzehrt ... und von Jahr zu Jahr gewiß und unfehlbar vielmal hunderttausend Gulden dargegen in das Land gebracht werden."
Moral: frühen Ruhm und Reichtum verdankt Baiern dem Schwein.

Nun ist aber bis dato nicht bekanntgeworden, daß die ansonsten mit Denkmälern so freigebige bairische Menschheit dem Begründer bairischer Staatswohlfahrt ein Denkmal gesetzt hätte, wiewohl doch sogar die denkmalscheuen, sparsamen Allgäuer beispielsweise ihrem Leistungsstier Roman vor fünfzig Jahren in Anerkennung seiner Verdienste um die Hebung der Allgäuer Viehzucht in Kempten ein steinernes Stiermonument errichteten. Oder aber: wenn der Undank der Welt, Baiern eingeschlossen, schon nicht ein teures Denkmal zulassen sollte, warum ist ebensowenig jemals erhört worden, daß man dem verdienstvollen Schwein einen Platz in einem bairischen Ortswappen, geschweige denn im bairischen Staatswappen eingeräumt hätte? Nein, Löwen, Leoparden, Adler und andere schädliche Tiere müssen es sein, die man in Standbildern und Wappenschildern zu Ruhm und Ehren gelangen läßt!

Es hängt wohl weniger mit der Undankbarkeit der Menschen zusammen, als vielmehr – wie so vieles Unbegreifliche und Sinnlose – mit der Kunst der Kriegführung, d. h. mit der Absicht, lieber Schrecken zu verbreiten anstatt Dankbarkeit zu üben.

In alten Zeiten pflegten sich die Recken, wenn sie in die Schlacht zogen oder sich zum Trinkgelage rüsteten, was häufig auf dasselbe hinauslief, Hörner oder Rabenflügel oder andere wüste Federn auf den Hut zu stecken, wodurch auch einer, der im zivilen Leben vielleicht Hösle hieß, hoffen durfte, ein bedrohliches Aussehen zu erlangen. Andere stülpten sich in derselben Absicht und um des gleichen Effekts willen hohe Fellmützen auf, damit der Gegner meinen sollte, er bekäme es mit einem Bären zu tun. Mit der Zeit wurde man aber auch diesbezüglich etwas anspruchsvoller und erfinderischer: um den Gegner schon zu erschrecken, ehe es losging, bemalten die alten Rittersleute ihre Turnierhemden und die Schabracken ihrer Turnier- und Schlachtrosse mit allerlei schlimmen Tieren, mit Löwen, Panthern, Ebern und gefährlichen Vögeln. Hierher gehören auch die Totenköpfe mit den gekreuzten Knochen auf Helmen und Dienstmützen des 20. Jahrhunderts. Auch sie sollen Schrecken verbreiten, sollen ihrem Träger den Anschein eines Menschenfressers geben, der sich die abgefieselten Knochen erlegter Feinde zur Erinnerung an den Hut steckt. Deswegen also auch die Löwen, deswegen die Adler! Vor einem runden, rosigen Schwein hätte sich kaum jemand gefürchtet.

Heute allerdings fürchtet sich auch niemand vor dem zum Staatssymbol erhobenen bayrischen Löwen, denn man weiß, daß er niemandem etwas zuleide tut. Man braucht ja nur den braven bayrischen Löwen im Lindauer Hafen anzuschauen, wie er gutmütig übers „Schwäbische Meer" hinüberblinzelt zu den Vorarlbergern und Eidgenossen. Kein Mensch, nicht einmal ein Schweizer, wird diesem Löwen aggressive Hintergedanken zutrauen. Nein, der König der Tiere hat sich nahe dem rettenden bayrischen Ufer zurechtgesetzt und er ist zufrieden, wenn man i h m nichts tut.
Stören wir die Behaglichkeit dieses bayrischen Löwen nicht und wenden wir uns den schwäbischen Löwen zu! Denn auch bei den Schwaben mußten es Löwen sein. Schon 1215 führen die hohenstaufischen Herzöge einen Löwen in ihrem Wappen. Ein schwäbischer Stammeslöwe ist nun freilich nach Statur und Sinnesart etwas ganz anderes als ein bayrischer Staatslöwe. Letzterer sitzt

aufrecht da und knurrt seinen Widersacher friedlich und frontal an. Die drei Löwen im schwäbischen Stammeswappen sind viel zu unruhig, als daß sie sitzen könnten. Sie sind unterwegs, sie sind in Bewegung. Geduckt, leise, wendig und geschmeidig schleichen sie sich von der Seite an, genauso wie es der schwäbische Tarockspieler tut und der schwäbische Witz. Im richtigen Augenblick wird dann der entscheidende Prankenschlag treffsicher angebracht, leise aber wirksam. Als Beispiel ein schwäbischer Witz: Ein Bauer schafft mit seinen zwei Ochsen auf dem Feld. Nach 8 Stunden sagt der eine Ochs: „Aus! Feieraubed!" und trottet heim in den Stall. Der Bauer und der andere Ochs schauen etwas dumm drein, machen aber die Tagesarbeit noch fertig. Abends im Stall fragt der Ochs, der pünktlich Schluß gemacht hat, seinen Kollegen: „Hot'r g'schumpfe, dr Alt?" „Im Gegeteil! Mir hand auf'm Hoimweag an Ma' troffe, do hot Di der Bauer über de Schellekönig g'lobt!" „Was war des für a Ma'?" will der allzu pünktliche Ochs wissen. „Der Ma'? I glaub es isch dr Metzger g'wea."

Nun, da historische und heraldische Fundamente gelegt sind, wollen wir damit beginnen, unser eigentliches Thema aufzubauen.

Schwäbischer Separatismus, Bairischer Zentralismus

Zum ersten sei dem schwäbischen Hang zum Individualismus, Partikularismus und Separatismus das bairische Behagen am Zentralismus gegenübergestellt.

Um beim Einzelwesen zu beginnen: der Schwabe ist seinem ganzen Wesen nach bei weitem nicht so gesellig wie der Baier. Der Schwabe ist zurückgezogener, Fremden gegenüber eher scheu. Wo der Baier fröhliche Gesellschaft sucht, ist der Schwabe im allgemeinen lieber für sich. Ein Schwabe, der einen Platz im Wirtshaus oder in der Eisenbahn sucht, trachtet danach, allein zu sitzen, möglichst weit von den anderen entfernt. Der Baier dagegen setzt sich lieber auf eine Bank oder an einen Tisch, auf der oder an dem schon andere sitzen; er sucht das Gespräch und die Geselligkeit. Wie ein gelehrtes Haupt versichert hat, dokumentiert diese unterschiedliche Veranlagung die ethische Überlegenheit des Nordens über den Süden. Letzterem wird dafür zugestanden, daß er den nördlichen Breitengraden und ihren Bewohnern in ästhetischer Beziehung überlegen sei.

Um diesen schwierigen Satz etwas aufzuhellen, bringen wir zwei Beispiele schwäbischen Fürsichseinwollens, das sich bisweilen in extremer Wortkargheit manifestiert.

Zwei Schwaben machen eine Bergtour auf den Grünten. Schweigend steigt man hinan. Schweigend verharrt man auf dem Gipfel im Anblick der Alpenwelt. Schließlich sagt der eine: „Des do dübe isch doch dr Hochvogel, oder it?" Drauf nach einer Weile der andere: „Weiß it." Schweigend steigt man wieder zu Tal. Unten angelangt, sagt der eine: „Es mueß dr Hochvogel gwea sei'." Der andere sagt nichts. Erst abends, als ihn seine Frau fragt, wie's gewesen sei, meint er: „Scho reacht. Aber dean Schwätzer loß i s nächstmol dahoim."

Und zum andern: Von einem Büble wird berichtet, das seinen Eltern großen Kummer bereitete, weil es bis zu seinem 6. Lebensjahr noch kein einziges Wörtle gesprochen hatte. Man hielt das Kind für stumm.

Eines Tages aber, als man um den Tisch herum beim Essen saß, sagte das Büble plötzlich: „Isch die Suppe versalze!" „Ja Büeble!" riefen die beglückten Eltern, „du ka'sch schwätze?! Ja warum hosch denn no nie nix gsait?" „Bis jetz isch no nie nix zum beanstande gwea", sagt drauf das Büble.

Begeben wir uns vom Individuum auf die unterste Verwaltungsebene! Hier zeigt sich die in dieser Beziehung grundverschiedene Anlage der Baiern und der Schwaben in der Siedlungsform.

Als um das Jahr 1550 in Baiern wie in Schwaben wegen der unvorstellbaren Zersplitterung der landwirtschaftlich genutzten Flächen endlich etwas geschehen mußte zur Rettung der bedrohten bäuerlichen Existenzen und der rückläufigen landwirtschaftlichen Produktion, da kam es bei den Schwaben zur ersten großen Bodenreform der deutschen Agrargeschichte. Sie hat unter der Bezeichnung „Vereinödung" ihren Ausgangspunkt vom Stift Kempten, d.h. vom schwäbischen Allgäu genommen. Man legte den bisher zerstreuten und zersplitterten Grundbesitz aller Bauern einer Dorfgemeinschaft zusammen und teilte jedem Bauern entsprechend der Größe seines eingebrachten Streubesitzes ein nunmehr zusammenhängendes Stück Feld zu.

Das hatte an vielen Orten zur weiteren Konsequenz: Auflösung der bisherigen Dörfer. Man brach die aus Holz gebauten Bauernhöfe im Dorf ab und stellte sie am neuen Ort, d.h. inmitten des neuen eigenen Feldes als Einödhof wieder auf. Diese über drei Jahrhunderte konsequent durchgeführte Bodenreform bestimmt das heutige Siedlungsbild des schwäbischen Allgäus. Es ist bezeichnend, daß diese notwendige und vernünftige Reform nur nach Westen hin, im schwäbischen Bereich zwischen Lech und Rhein Nachahmung gefunden hat, daß sie aber nach Osten hin den Lech nicht zu überschreiten und das altbairische Gebiet nicht zu ergreifen vermochte; sicherlich nicht zuletzt deswegen, weil diese Siedlungsform dem Absonderungsbedürfnis der Schwaben entgegenkam, der Mentalität der geselligen Baiern aber stracks zuwiderlief.

Und wie hier im Kleinen, so auch im Größeren; man braucht nur die historische Landkarte Bayerns des Jahres 1803 anzuschauen: westlich des Lech, im ganzen Gebiet, wo Schwaben wohnen, ein

Gewirr und Gewuzel von geistlichen, ritterschaftlichen, reichsstädtischen und anderen Territorialstaaten, ein kartographischer Flecklesteppich; allein im Gebiet des heutigen Regierungsbezirks Schwaben zählte man 1803 insgesamt 165 verschiedene Staatsangehörigkeiten und Vaterländle. Und nun dagegen drüben überm Lech im Bairischen: festgegründet und geballt um seine Landeshauptstadt München liegt das Baierland da. Hier hat das Behagen am Beisammensein dem Zentralismus den Boden bereitet – einen Boden, auf dem viele Jahrhunderte hindurch treue Untertanen gedeihen konnten, die in ihrer großen Überzahl nur selten und kaum jemals ernsthaft daran Anstoß nahmen, daß sie autokratisch und nicht demokratisch regiert worden sind.

Auf dem Boden des Schwabenlands dagegen wuchsen Bürger Freier Reichsstädte und bis weit hinein ins Mittelalter freie Reichsbauern, die sich als Angehörige von Bürger- und Bauernrepubliken verstanden und deshalb keinen anderen Herrn über sich dulden wollten als Gott und gerade noch den Kaiser. „Es mag sein, daß mancher Händler oder Kaufmann, der in einer Freien Reichsstadt daheim war, sich bisweilen gesehnt hat nach den verhältnismäßig sicheren und ruhigen Fleischtöpfen einer geistlichen Herrschaft, eines Bischofs oder eines Abts, unter deren Krummstab man ohne Aufregungen seinem Gewerbe, dem Geldverdienen, hätte nachgehen können. Es spricht für den kühnen und entschlossenen und großzügigen Geist der schwäbischen Kaufmanns- und Bürgergeschlechter, daß sie die gefährliche Freiheit und den Kampf um die Selbstbehauptung einer bequemen Unterwerfung vorzogen. Es war das eine geistige Haltung von außergewöhnlicher Kühnheit" (Feger).

„In der Politik hat der Baier nie den kühnen genialen Gedankenflug des Schwaben besessen. Dagegen sind seine Kraft und sein Wille zur Selbstbehauptung unerhört" (Lachner).

In den Freien Reichsstädten Schwabens ist schon vor mehr als sechshundert Jahren der Gedanke der Selbstverwaltung und schon hundertfünfzig Jahre vor der Entdeckung Amerikas eine lupenreine Demokratie praktiziert worden. Die Rechte der freien Bürger und der freien Bauern in Schwaben gingen schon im 14. Jahrhundert weit über das hinaus, was etwa König Maximilian von Baiern seinen Untertanen fünfhundert Jahre später, zu Beginn des 19. Jahrhunderts, notgedrungen zugestehen mußte.

Kleiner Schönheitsfehler auf schwäbischer Seite: Demokratie und Liberalismus wurden hier schon früh bisweilen bis zur Respektlosigkeit exerziert. Die Bürgermeister Freier evangelischer Reichsstädte hatten bei Besuchen kaiserlicher Majestäten manchmal ihre liebe Not mit ihren Bürgern, die sich etwa weigerten, vor dem Kaiser den Hut zu ziehen mit der Begründung, ein katholischer Kaiser sei auch nichts Besseres als ein evangelischer Bürger einer Freien schwäbischen Reichsstadt.

Kleiner Schönheitsfehler auf bairischer Seite: meist aus übertriebenem religiösem Eifer zeigte hier die landesväterliche Autorität häufig Schlagseite in Richtung autoritärer Bevormundung der Untertanen. Noch zu Beginn des 17. Jahrhunderts konnte es sich Herzog Maximilian von Baiern beispielsweise leisten, Vorschriften über das Verhalten der Münchner Bürger zu erlassen. Den Münchnern wurde u. a. durch ihren Landesvater befohlen, daß sie sich beim Ertönen der abendlichen Ave-Glocke, wo immer sie sitzen, stehen oder gehen sollten, sofort auf die Knie niederzulassen und ein andächtiges Gebet zu sprechen hätten. Der um das Seelenheil seiner Landeskinder besorgte Landesvater bestellte in München eigene Aufpasser, welche jedermann, der zu spät niederkniete oder zu früh wieder aufstand, mit Gewalt zur ordnungsgemäßen Verrichtung der befohlenen Andacht zwangen. Man stelle sich dergleichen in einer Freien Reichsstadt Schwabens vor!

Es ist eine natürliche Folge der diesbezüglich völlig verschiedenen Mentalität der Baiern und der Schwaben, daß im Jahre 1525, als sich die schwäbischen Bauern zwischen Lech und Schwarzwald erhoben, um für ihre alten Freiheiten und ihre hergebrachten Rechte zu kämpfen, die bairischen Bauern jenseits des Lech ruhig blieben. Genauso war es übrigens schon hundert Jahre vorher gewesen, als zu Beginn des 15. Jahrhunderts die Appenzeller Bauern den Versuch machten, inmitten einer rückständigen und feindlichen, vom Adel beherrschten Umwelt auf revolutionärem Weg einen freien Volksstaat zu errichten. Allenthalben im angrenzenden schwäbischen Land, in der Nordschweiz, in Vorarlberg, im Allgäu und im Lechtal fanden die Appenzeller begeisterte Zustimmung und Zulauf.  Im bairischen Bereich einschließlich Tirol dagegen vermochten sie weder offene Sympathien noch Bundesgenossen zu finden. Die bereits vor Innsbruck stehenden Appenzeller Heerscharen mußten sieglos umkehren, „weil der konservative bajuwarische Kern von Neuerungen nichts wissen wollte. Man blieb dem gewohnten patriarchalischen Regime treu, dessen Burgen man in Vorarlberg, in der Schweiz und am Bodensee längst verbrannt hatte" (Bilgeri). Der Traum der Vorarlberger und Allgäuer Bauern, nach dem Vorbild der schweizerischen Eidgenossenschaft eine freie alemannische Eidgenossenschaft zu begründen, mit Schwabens „heiligem Berg", dem Bussen, als Mittelpunkt, eine alemannische Eidgenossenschaft, die nach der Vernichtung des verhaßten feudalistischen Systems allen Unterdrückten – 380 Jahre vor der Französischen Revolution – Freiheit und Gleichheit bringen sollte, konnte nicht verwirklicht werden, weil anderwärts die Zeit dafür noch nicht reif war. Die b a i r i s c h e n Bauern haben an dergleichen nie gedacht.

Suchen wir zum sozialen Bereich eine Parallele im Religiös-Weltanschaulichen, so bieten sich die geistigen Strömungen der Reformationszeit als Beispiel an. Die turbulenten Auseinandersetzungen zwischen Katholiken, Protestanten, Reformierten, Zwinglianern, Schwenkfeldianern, Wiedertäufern und den sog. Schwarmgeistern, der ganze Jammer dieser Zeit der geistigen Verwirrung und Neuorientierung wird offenbar in der Person des Augsburger Patriziers Georg Regel. Als der Rat der Stadt Augsburg im Jahre 1533 eine Untersuchung gegen die Lehre Schwenkfelds einleitete, stellte sich folgendes heraus: der vorgenannte Augsburger Patrizier, der bis zum Beginn der Reformation katholisch gewesen war, wurde innerhalb weniger Jahre – nicht etwa aus Opportunismus, sondern unter Hintansetzung aller materiellen und gesellschaftlichen Rücksichten, auf der Suche nach der reinen Wahrheit – zuerst lutherisch, dann zwinglianisch, daraufhin Wiedertäufer, danach „fränkisch" und schließlich schwenkfeldianisch. So etwas konnte nur in Schwaben passieren.

In Baiern sind die neuen Lehren so gut wie nicht zur Kenntnis genommen worden, geschweige denn zum Tragen gekommen. Die Baiern fühlten sich in ihrer Landesväter Hand geborgen; und man traute diesen Landesvätern zu, daß sie im Bedarfsfall auch über die notwendigen Beziehungen zum Vater im Himmel und zum Heiligen Vater in Rom verfügten.

> Mir, mir, mir Niedaboarn,
> so san ma'r aufzogn woarn,
> daß ma koan Angst net gspüart,
> daß si koa Zweifi rüahrt,
> daß mir scho allesamm
> so an schön' Glaabn hamm,
> da gibt's scho gar nix mehr.
> Hau a Pris her!
>
> (Ludwig Thoma, Lied
> des niederbayrischen Kooperators)

Vielleicht ist es gestattet, an den Schluß der Antithese „schwäbischer Individualismus – bairischer Zentralismus" noch einen kleinen, nicht ganz ernstzunehmenden, aber dennoch liebenswerten Schnörkel zu setzen mit der Frage, ob nicht auch die Nationalspeisen der beiden Stämme ein Ausdruck ihrer Besonderheit und Verschiedenheit sind. Hier die bairischen Knödel, in denen man ein Symbol des Zusammenhaltens, des geballten Zentralismus sehen kann. Und dort die schwäbischen Spätzle, die sich geradezu als Sinnbild der Vereinzelung und Zersplitterung anbieten. Aber Knödel, wenn auch unter dem Namen „Klöße", wird ein kritischer Leser jetzt sagen, haben doch auch die Franken und nicht nur die Baiern. Das ist nicht nur richtig, sondern es bestätigt auch das, was soeben von den zentralistischen Baiernknödeln gesagt worden ist. Den Zentralismus, zu dem sie ohnehin neigten, haben die Baiern nämlich von niemand anderem systematisch gelernt als von den Franken, die ihn seit der Zeit der Karolinger den Baiern vorgemacht und eingedrillt haben.

Schwäbische Unrast, Bairisches Beharren

Zum zweiten sei der schwäbischen Unrast und Unruhe die bairische Ruhe und das bairische Beharrungsvermögen entgegengestellt. Die Schwaben wirken auf Nicht-Schwaben wegen ihrer Unrast, oder sagen wir schonender: wegen ihrer immerwährenden Rührigkeit, bisweilen aufreizend, um nicht zu sagen aggressiv, während man den Baiern wegen ihres angestammten Beharrungsvermögens und ihrer sprichwörtlich gewordenen Gemütsruhe von vornherein eher ein defensives Naturell zuschreiben wird. Die Schwaben haben aufgrund ihrer Veranlagung von Natur aus das Bedürfnis zur Expansion, die Baiern den Wunsch nach Konzentration. Man könnte auch sagen, daß die Schwaben ihrer Natur nach eher Eroberer sind, die Baiern eher Kolonisatoren. Nicht nur anderen Menschen – wie etwa den Baiern – die Schwaben gehen sich mit ihrer Unruhe bisweilen selber auf die Nerven. Als es z. B. im Jahre 1379 darum ging, ob auch die Freie Reichsstadt Straßburg dem groß und mächtig gewordenen „Schwäbischen Städtebund" beitreten sollte, warnten die ältesten und weisesten Räte der Stadt vor einem solchen Beitritt des alemannischen Straßburg zum Bund ihrer Stammesgenossen mit der Begründung, „man solle keinen Bund machen über den Rhein mit den Schwaben, man werde keine Ruhe daraus gewinnen", denn die Schwaben seien unruhige Partner (Feger).

Woher kommt diese Unruhe, diese Unrast, dieses Unstete, das die Schwaben so grundlegend von ihren bairischen Nachbarn unterscheidet? Es ist wohl das Resultat eines schweren Schicksals, das die Schwaben zu Beginn ihrer Geschichte zu bewältigen hatten. Bereits ein halbes Jahrhundert vor Christi Geburt bezeichnet ein römischer Schriftsteller die Schwaben als einen Stamm, der heimat- und obdachlos umherziehe, auf der Suche nach Wohnsitzen. Fünfhundert Jahre später, 450 n. Chr., sind die Schwaben noch immer auf der Wanderschaft und noch immer auf der Suche. Daß sie ein halbes Jahrtausend obdachlos in der Weltgeschichte herumgezogen sind, muß sich auf ihren Stammescharakter ausgewirkt haben. Und es hat sich ausgewirkt. Die Schwaben haben zwei Komplexe davongetragen: zum ersten den Wanderkomplex, der mit Unruhe und Unrast verbunden ist, und zum zweiten den Häusleskomplex.

Im Jahre 50 v. Chr. sagt der schwäbische Stammeskönig Ariovist zu Julius Cäsar, die schwäbischen Soldaten, ihre Frauen und Kinder hätten seit zwölf Jahren kein Dach mehr über dem Kopf gehabt. Und das ist mehr oder weniger während der ganzen Zeit der Völkerwanderung so geblieben. Dieses chronische Unbehaustsein der Schwaben mußte als Gegenreaktion den Wunsch nach

Geborgenheit, auf schwäbisch gesagt: den Wunsch nach einem eigenen Häusle hervorbringen. Man sollte wohl die Redensart, mit der man die Schwaben heutzutage so gerne charakterisiert, „schaffe, schaffe, Häusle baue!" vor dem historischen Hintergrund sehen. Das Häusle-Bauen ist sozusagen ein durch das geschichtliche Schicksal hervorgebrachter schwäbischer Urtrieb.

Beide Komplexe aber – der Wanderkomplex wie der Häusleskomplex – liegen bis heute in der schwäbischen Seele in dauerndem Widerstreit miteinander. Der Schwabe will sein eigenes Häusle und tut alles, um zu einem solchen zu kommen; aber er ist infolge der ihm angeborenen Unrast und Unstetigkeit über kurz oder lang dann doch wieder bereit, besagtes Häusle aufzugeben, vor allem, wenn er glaubt, daß es für ihn von Vorteil ist. Die Stiftkemptischen Landtafeln, als erste ländliche Hypothekenbücher auf deutschem Boden 1737 angelegt, geben uns die Möglichkeit, den auffallend häufigen Wechsel der bäuerlichen Höfe im Allgäu urkundlich zu belegen, im Gegensatz zu Altbaiern, wo ein und dieselbe Bauernfamilie oft dreihundert und mehr Jahre auf dem gleichen Hof wirtschaftet. Es kommt nicht von ungefähr, daß der Altbaier seinen Hof als „Hoamat" bezeichnet, der schwäbische Allgäuer aber als sein „Bauregschäft". Und wenn man dies weiß, versteht man auch, was jener Allgäuer Bauer gemeint hat, als er zu seinem etwas phlegmatischen oberbairischen Knecht sagte: „Kerle, so lang hocket bei eis im Allgäu mancher Bauer it auf seim Hof wie Du auf'm Häusle!" Nichtschwaben vermögen diesen Ausspruch nicht zu verstehen, weil sie nicht wissen, was mit dem „Häusle" gemeint ist. Aber das schadet nichts. Es kommt noch vieles, was sie wieder verstehen.

Vor die Wahl eines Wechsels von Haus und Hof gestellt, wird der Schwabe in der Regel das Risiko einer ihm lohnend erscheinenden Veränderung auf sich nehmen, während der konservative

Baier, auch wenn er dabei draufzahlt, lieber da bleibt, wo er ist.

> So freut's mi erscht, wenn's draußn schneibt
> und wenn s da Sturm recht grimmi treibt,
> daß i beim Ofa hock. Es hört si guat
> und gmüatli o, wia's draußen tuat.
> Ja, pfeif no schiach und schüttl 's Haus,
> mei liaba Wind, i geh net naus,
> und host as no so schlecht an Sinn,
> mir kost nix toa, i bleib herin. (Ludwig Thoma)

Dank dieser Einstellung können die Baiern mit ihrem Staat insofern „Staat machen", als er einer der ältesten, wenn nicht der älteste Europas ist. Es ist andererseits aber auch ganz gewiß kein Zufall, daß es ein Schwabe gewesen ist, der das Automobil erfunden hat. Niemals wäre ein Baier auf den Gedanken gekommen, eine Maschine zu ersinnen, mit der man möglichst schnell von daheim fort und anderswohin fahren kann.

Wir wollen dieses Kapitel durch ein Beispiel aus der Geschichte abschließen. Genaugenommen ist es kein richtiges Beispiel, d. h. kein ausgereiftes Beispiel, das sich für den deutschen Schulaufsatz eignet; es ist mehr eine Überlegung, die wir anstellen. Es geht um einen Konflikt von fast weltgeschichtlicher Bedeutung, um den Konflikt zwischen dem Welfenherzog Heinrich dem Löwen und dem Schwabenkaiser Friedrich Barbarossa. Letzterer ist ohne Zweifel ein überdurchschnittlicher Schwabe und deswegen auch überdurchschnittlich unstet und betriebsam gewesen. Sechsmal in seinem Leben ist der schwäbische Rotbart an der Spitze eines Heeres über die Alpen gezogen und in Italien einmarschiert. Daneben hat er einen Feldzug gegen Polen geführt, zwischendurch eine Kirchenspaltung inszeniert und einen römischen Papst entführt. Heinrich der Löwe ist eine Zeitlang bereitwillig mitmarschiert, aber im Jahre 1174 erklärte der Welfenlöwe dem Schwabenkaiser, daß er das ewige Marschieren und Herumziehen satt habe und seine herzoglich-bairische Ruhe wolle. Es wäre denkbar, daß die bairischen Krieger Heinrichs, die ja schon anno 1155 den unsteten Rotbart bei der Veroneser Klause hatten heraushauen müssen, mehr als genug hatten von dem andauernden Unterwegssein und Schlachtenschlagen. 1178, als sich Barbarossa zwischendurch für kurze Zeit in Deutschland aufhielt, lud er den unfolgsamen Gefolgsmann Heinrich vor das kaiserliche Tribunal. Aber Heinrich dachte nicht daran, zu kommen. Viermal forderte der Kaiser ihn auf, vor seinem Angesicht zu erscheinen, und viermal kam der bairische Herzog nicht, sondern blieb daheim und dachte sich nur etwas Unanständiges. 1180 wurde er vom Kaiser geächtet. Vielleicht war dieser historische Konflikt im Grund ein Konflikt zwischen schwäbischer Unrast und bairischem Beharren.

Schwäbische Expansion, Bairische Konzentration

Die Geschichte des schwäbischen Stammes, auch nachdem er um 500 n. Chr. seßhaft geworden war, ist und bleibt ein einziges unruhiges Hin und Her. Immer sind die Schwaben vorndran, wenn es Römerzüge oder Kreuzzüge zu unternehmen oder irgendein neues Imperium zu organisieren gilt. Beim Schwaben ist zum expansiven Prinzip erhoben und ins Großartige übersetzt worden, was die Baiern im Laufe ihrer Geschichte zwar ebenfalls intensiv, aber lieber auf lokaler Ebene ausgetragen haben. Wo der Baier seine keltische Erbmasse durch eine gediegene Wirtshausrauferei abreagiert, benötigt der Schwabe eine Völkerschlacht. Darin liegt trotz aller imponierenden kriegerischen Leistungen die Schwäche der Schwaben.

Der Baier bescheidet sich; er weiß, was er hat und ist und leidet nicht an Expansionsgelüsten; darin liegt seine Stärke. Er hat auf diese Weise sein eigenes weiß-blaues Ländle nicht nur zusammengehalten, er hat darüber hinaus im Jahre 1803 sogar einen Teil des unruhigen Schwabenlands und des herrschgewohnten Franken eingemeinden können, ohne einen Eroberungsfeldzug veranstalten zu müssen.

Auf einem anderen Blatt steht freilich, daß der altbairische Karpfenteich vermutlich gemütlicher gewesen ist als nachmals das um die schwäbischen und fränkischen Hechte bereicherte gesamtbayrische Fischwasser.

Wenn wir vorhin sagten, daß den Baiern anno 1803 schwäbisches und fränkisches Gebiet ohne kriegerische Anstrengung zugefallen sei, so wollten wir damit nicht sagen, daß die Baiern als eine im Grund friedliebende Nation nicht auch bisweilen Kriege geführt hätten. Aber es steht doch wohl eines fest: die Baiern haben es nur sehr selten getan, und immer nur dann, wenn sie dazu gezwungen worden sind und es gar nicht mehr anders ging. Man braucht sich nur etwa die klassischen bairischen Kriegszüge aus der Zeit Ludwigs des Baiern anzusehen. Sie sind im Grunde nichts anderes als überlokale Wirtshausraufereien zwischen benachbarten Gemeinwesen: in diesem Fall zwischen Baiern und Österreichern, Auseinandersetzungen sozusagen innerhalb der Verwandtschaft, wobei man sich zwar streitet, aber nicht zerstreitet, sondern letzten Endes zusammenrauft. Denn am Schluß sitzen die kriegführenden Nationen nach vollbrachter Schlacht gemütlich beieinander auf der Walstatt und verzehren harte Eier, deren der brave Schweppermann bekanntlich zwei bekommen hat.

Auf den Ruhmesblättern der bairischen Kriegsgeschichte stehen die Namen „Mühldorf" und „Ampfing", wo man jeweils eine kleine Schlacht zu schlagen gezwungen war. „Mühldorf" und „Ampfing" – wie gemütlich bairisch das klingt!

Die beiden „bairischen Feldherren", die in der Münchner Feldherrnhalle Baierns militärische Glorie repräsentieren sollen, braucht man nicht tragisch zu nehmen. Der eine der beiden, Tilly, ist nämlich kein Baier, sondern ein Brabanter gewesen; und der andere war, wie man boshafterweise sagt, kein Feldherr.

Es ist ganz gewiß ein großer Unterschied zwischen den Kriegen, welche Baiern geführt haben und den Kriegen, welche von Preußen veranstaltet wurden. Bei letzteren hat es von vornherein überhaupt keinerlei Gemütlichkeit gegeben. Der tiefste Grund, warum die Baiern die Preußen nicht mögen, ist der, daß die Preußen den Baiern zu schneidig sind, zu scharf und zu klar und zu präzis und auch zu schnell in ihrer Denk- und Sprechweise; all das wirkt aufreizend auf die Baiern. Die preußische Exaktheit, die auch in der Kriegführung keine Kompromisse zuließ, wirkte auf die Baiern von jeher aggressiv, was bekanntlich das Gegenteil von gemütlich ist.

Aber um diesen lehrreichen Exkurs nun nicht auf Kosten der Preußen zu beschließen, sei als Gegenstück zu den bairischen Kriegen auch von einem schwäbischen Krieg berichtet. Es handelt sich dabei um keine Völkerschlacht, um keinen Kreuzzug und um keinen Römerzug, obwohl gerade solche Unternehmen nicht selten unter führender Beteiligung der Schwaben vonstatten gegangen sind. Der Krieg, von dem wir berichten wollen, ist – verglichen mit anderen militärischen Unternehmungen der Schwaben – so nebensächlich gewesen, daß die Weltgeschichte von ihm kaum Notiz genommen hat, so daß er heutzutage so gut wie vergessen ist. Hätte nicht der geschichtsschreibende fränkische Bischof Gregor von Tours (538–593) die Begebenheit in seinen um 575 abgeschlossenen „Zehn Büchern fränkischer Geschichte" aufgezeichnet, wir wüßten überhaupt nichts mehr davon. Der fränkische Bischof, über jeden Verdacht der Schwabenfreundlichkeit erhaben, berichtet von einem „Schwabenstreich", der Uhlands türkenspaltenden Schwabenritter weit hinter sich läßt.

Es war um das Jahr 568. Der König der Langobarden, Alboin, zog mit seinen Kriegern nach Italien in der freundlichen Absicht, das eigene unbefriedigende Wirtschaftspotential durch großangelegte Plünderungen aufzubessern. Wie es während der Jahrhunderte der Völkerwanderung zum löblichen Brauch geworden war, schlossen sich einem derartigen Unternehmen immer wieder Leute an, die dabeisein wollten, wo es auf Kosten anderer etwas zu holen gab. In diesem Fall waren es Niedersachsen. Sie verließen ihre Wohnsitze an der Elbe und marschierten hinter den Langobarden her nach dem Land, wo die Zitronen blühn. Aber als ein paar Jahre später die Sachsen dann wieder nach Hause kamen, schauten aus den Fenstern der sächsischen Bauernhöfe Schwaben heraus. So, wie fünfzig Jahre zuvor ihre Stammesgenossen als Heimatvertriebene im Land zwischen Bodensee und Lech angesiedelt worden waren, so waren auch jene in den Wirren der Völkerwanderung um ihre Heimat gekommenen Schwaben, die jetzt den einstigen Siedlungsraum der nach Italien marschierten Sachsen belegt hatten, in dieses Gebiet an der unteren Elbe von merowingischen Königen eingewiesen worden. Und nun geht's los!

Gregor von Tours berichtet:

„Und da zu jener Zeit, wo Alboin nach Italien gezogen war, Clothar und Sigibert Schwaben und andere Völker in die Gegend versetzt hatten, welche die Sachsen vordem bewohnt hatten, die mit Alboin ausgezogen waren, so wollten diese, als sie zur Zeit Sigiberts zurückkehrten, jene aus dem Lande treiben und sie vernichten. Die Schwaben boten ihnen den dritten Teil des Landes an und sprachen: ‚Auch ohne Kampf können wir zusammenleben.' Jene aber waren voll Erbitterung gegen sie, weil sie selbst dies alles zuvor gehabt hatten, und wollten keinen Frieden. Danach boten die Schwaben ihnen die Hälfte, dann zwei Drittel des

Landes an, nur ein Drittel wollten sie für sich behalten. Als jene auch dies nicht annehmen wollten, boten sie ihnen mit dem Lande auch noch alles Vieh an, nur sollten sie vom Kriege abstehen. Aber auch darauf wollten jene nicht eingehen und verlangten den Kampf. Und schon vor demselben machten sie miteinander ab, wie sie die Frauen der Schwaben unter sich teilen wollten, und welche nach dem Tode ihrer Männer ein jeder erhalten solle; denn sie meinten, sie hätten diese schon erschlagen. Aber die Barmherzigkeit des Herrn, die Gerechtigkeit übt, ließ ihre Absichten zuschanden werden. Denn da es zum Kampfe kam, waren es sechsundzwanzigtausend Sachsen, und von denen fielen zwanzigtausend, und sechstausend Schwaben, von denen nur vierhundertundachtzig fielen, und die andern behaupteten den Sieg. Die von den Sachsen aber am Leben geblieben waren, schworen, keiner wolle sich den Bart oder das Haupthaar scheren, ehe sie sich nicht an ihren Feinden gerächt hätten. Und da es abermals zum Kampfe kam, erlitten die Sachsen eine noch größere Niederlage."

Nun will ich keineswegs die Schwaben wegen ihres angeborenen Expansionsbedürfnisses als böse Eroberer und gewalttätige Imperialisten hinstellen, übelriechend vor allem Volk sozusagen. Im Gegensatz zu anderen Volksstämmen, die über fette Kornböden verfügten – wie die Baiern – oder über schöne Weinberge mit dazugehörigem gutem Klima – wie die Franken und die Pfälzer – hatten die Schwaben in ihrem Ländle davon nichts oder nur ganz wenig. Schwaben hat darüber hinaus so gut wie keine Bodenschätze, keine Kohlen, kein Eisen, kein Silber, kein Gold, kein Uran, kein Öl.

Schwaben liegt an keiner Meeresküste und an keiner internationalen Wasserstraße; es hat auch keine besonders gute kontinentale Verkehrslage. Dem übervölkerten Schwabenland blieb also von Anfang an keine andere Wahl als der Weg nach draußen.

Der durch Veranlagung und Geographie bedingte schwäbische Expansionsdrang ist aber beileibe nicht nur im Gewande des Kriegers in Erscheinung getreten; er hat im Laufe der Geschichte auch häufig friedlichen Zielen gedient und friedliche Früchte getragen, denken wir nur an die bekannten Kolonialunternehmungen der Fugger und der Welser in der ersten Hälfte des 16. Jahrhunderts. Die Fuggerischen und mehr noch die Welserischen Versuche, die den beiden schwäbischen Handelshäusern von der Krone Spaniens überlassenen riesigen Gebiete in Mittel- und Südamerika zu kolonisieren, mußten zwar im Endeffekt an der Größe und Schwierigkeit des Vorhabens scheitern; sie gehören aber unbestreitbar zu den großartigsten Unternehmungen der europäischen Kolonialgeschichte. Es gibt dazu keinerlei bairische Parallele.

Es mag sein, daß die friedliche Expansion der Schwaben vielleicht weniger eklatant gewesen und weniger aktenkundig geworden ist als ihre kriegerische in früheren Jahrhunderten; sie hat aber ganz gewiß nicht weniger schwer gewogen. Dieser Umstand ist ehedem denn auch international bekannt und anerkannt gewesen und man hat es neidvoll mit der Redensart quittiert:

> Schwaben und böses Geld
> führt der Teufel in alle Welt.

Etwas charmanter schildert die globale Präsenz der Schwaben die bekannte Geschichte vom Steuermann des Kolumbus; ich habe sie zwar schon in meinen „Schwabenstückle" des langen und breiten erzählt und sie darüber hinaus auch im Text des Bändchens „Auch Schwaben sind Menschen" verwertet. Aber weil sie so schön ist, sei sie für jene, welche sie immer noch nicht kennen, hier halt noch einmal erzählt:

Es heißt, der Steuermann des Kolumbus sei ein Schwabe aus Böblingen gewesen. Als nun das Schiff des Kolumbus nach zehn Wochen christlicher Seefahrt endlich das erste Zipfele des amerikanischen Kontinents sichtete, seien dort am Strand haufenweise Azteken, Indianer und andere heidnische Gestalten zusammengelaufen. Als erster auf dem Schiff habe, was glaubhaft klingt, der schwäbische Steuermann die Sprache und auch gleich die richtigen Worte gefunden. Schon von aller Weite habe er dem heidnischen Indianervolk am Ufer zugerufen: „He, ihr! Isch koiner vo Böblinge do?" Da sei, so heißt es, von drüben in gleich gutem Schwäbisch die Antwort gekommen: „Noi, aber oiner vo Sindelfinge!"

Und dagegen nun die Baiern. Auch sie haben sich kolonisatorisch betätigt, aber in anderer Weise als die Schwaben. Die Baiern haben zunächst einmal und fast ausschließlich das eigene Land kolonisiert und urbar gemacht, was außerordentlich vernünftig erscheint. Die Baiern haben ihre eigenen Urwälder gerodet und ihre Sümpfe trockengelegt, sie haben Klöster gegründet und Dörfer. Das war nicht nur vernünftig, es war auch mit weniger Risiken behaftet und hat weniger Opfer an Gut und Blut gefordert als die weltweiten schwäbischen Kolonialexperimente und Expeditionen. Und es ist damit per Saldo für Baiern auch mehr herausgekommen als für Schwaben.

Aber auch an die Baiern ist eines Tages der Versucher herangetreten, wenn auch erst hundertfünfzig Jahre später als an die Schwaben. Es ist die amüsant zu hörende Geschichte von den bairischen Plänen und Bemühungen um eine richtige bairische Kolonie in Übersee.

Es war um die Mitte des 17. Jahrhunderts bei den europäischen Großmächten eine Art Mode geworden, sich jenseits des Weltmeers Kolonialreiche zuzulegen. Offenbar ist auch Baierns Kurfürst vorübergehend dem globalen Denken, dem Großmacht-Denken verfallen. Jedenfalls, als ihn eines Tages ein gewisser Johann Joachim Becher – versteht sich, **kein** gebürtiger Baier – aufsuchte und ihm den Plan einer bairischen Kolonie in Amerika schmackhaft zu machen versuchte, da hörte der bairische Kurfürst aufmerksam zu. Lag es nicht nahe, daß sich auch Baiern um ein Stück der Neuen Welt bemühte, welche die Engländer, die Franzosen, die Niederländer und andere unter sich aufzuteilen begannen? Warum sollte Baiern nicht auch ein entsprechendes Stück bekommen von dem großen Kuchen „Amerika", von jenem neuentdeckten Land, von dem allgemein behauptet wurde, es habe Zukunft? Nach langen und reiflichen Erwägungen trat der bairische Hof über Mittelsmänner in Verhandlungen mit den Holländern wegen des Erwerbs von Manhattan, eines Gebiets, das die Holländer ihrerseits erst vor fünfundzwanzig Jahren den Eingeborenen für ganze 24 Dollar abgekauft und „Neu-Amsterdam" getauft hatten. Auf eben jene holländische Kolonie „Neu-Amsterdam" richteten nun aber nicht nur die Baiern ihr begehrliches Auge, sondern leider gleichzeitig auch die Engländer. Diese Engländer hatten damals schon etwas, was die Baiern weder damals hatten noch heute haben noch jemals haben werden: eine Kriegsflotte. Und so landeten denn die Engländer mit ein paar Kanonenbooten vor Neu-Amsterdam und verleibten das Gebiet, das man alsbald in „New-York" umtaufte, dem englischen Kolonialreich ein.

Am bairischen Hof in München gab man die Schuld an der englischen Intervention einem holländischen „Zeitungsschreiber", der die Nachricht von den bairisch-holländischen Kolonialverhandlungen vorzeitig publik gemacht hatte. So ist die Presse neben vielem anderem also wohl auch daran schuld, daß New-York heute keine bairische Kolonie ist.

Nun braucht allerdings niemand zu glauben, daß die Baiern wegen dieses ihres kolonialen Mißerfolgs von Trübsinn heimgesucht worden wären. Im Gegenteil: es hat fast den Anschein, als sei man in München gar nicht so ganz unglücklich darüber gewesen, daß sich die waghalsige Affäre so rasch erledigt hatte, daß man nun keine Kriegsflotte zu bauen und den Engländern keine Seeschlachten zu liefern brauchte. Wir wissen nicht, was passiert wäre, wenn es sich statt um zu kurz gekommene Baiern um hereingelegte Schwaben gehandelt hätte. Letztere hätten vermutlich allsogleich eine Kriegsflotte auf Kiel gelegt und wären mit schwäbischen Kriegsschiffen gegen Engeland gefahren.
Nicht, daß die Baiern wasserscheu wären und nicht auch gern einmal Schiffle führen! Aber halt nicht gar so weit weg und nicht unter so strapaziösen und riskanten Umständen. Man hat sich am Münchner Hof, wie gesagt, rasch getröstet. Aus dem davongeschwommenen bairischen Kolonialreich und der gottlob nicht mehr benötigten bairischen Seestreitmacht erwuchs ein der bairischen Mentalität weit gemäßeres Unternehmen: für einen Teil des Geldes, das eine Kriegsflotte gekostet haben würde, bauten die Baiern ein einziges bairisches Schiff, ein großes, ein schönes, ein prunkvolles, ein Staatsschiff. Dreißig Meter maß es in der Länge und acht Meter in der Breite, und es hatte drei Stockwerke (Anmerkung: gewöhnliche Schiffe haben Decks, bairische Schiffe haben Stockwerke). Die ganze Fassade des großen bairischen Prunkschiffs war mit vergoldetem Schnitzwerk, mit bairischen Löwen, bairischen Nymphen und Sirenen überladen. Hinter der löwen- und nymphengeschmückten Fassade aber saßen hundert bairische Staats-Ruderer in den Staatsfarben Weiß und Blau. Und weil es sich für ein richtiges Staatsschiff wohl so gehört, vielleicht auch für den Fall, daß sich Seeräuber, Piraten oder am Gestade Wilderer zeigen sollten, hatte man sechzehn Kanonen an Bord.

Kleiner Schönheitsfehler: das Prachtschiff hatte, selbst wenn es mit der Höchstzahl von fünfhundert Ehrengästen beladen war, einen Tiefgang von nur 75 Zentimetern und war deshalb trotz seiner beiden Großsegel nur bei Windstille seetüchtig und manövrierfähig. Undenkbar, daß ein Schwabe jemals so ein prunkvollunsolides Schiff gebaut oder benutzt hätte!

In Baiern aber galt das neue Staatsschiff als bairisches Weltwunder Nummer eins. Es wurde getauft auf den Namen „Bucentaurus", und es war nicht nur schöner und prächtiger, sondern auch um ein ganzes Stockwerk höher als sein Vorbild, der „Bucentaurus" von Venedig (Baujahr 1605), auf welchem der Doge alljährlich einmal aufs Meer hinauszufahren pflegte, um die Vermählung der Republik Venedig mit der Meeresgöttin zu zelebrieren und, als man es schon längst nicht mehr war, sich als „Beherrscher der Meere" der Weltöffentlichkeit zu präsentieren. Der Unterschied zwischen dem venezianischen und dem bairischen „Bucentaur" war außer der Größe vor allem der, daß der bairische „Bucentaur" nicht auf einem Weltmeer herumfuhr, sondern auf dem Starnberger See, auch Würmsee genannt. Der Münchner Hof feierte viele fröhliche und geräuschvolle Bordfeste auf seinem Luxusschiff, ohne jemandem etwas nehmen, jemandem wehtun oder auf jemanden schießen zu müssen.

Bairisches und schwäbisches Diesseits

Mit dem bairischen „Bucentaur" sind wir, von der Antithese „schwäbischer Expansionsdrang – bairische Konzentration" herkommend, bereits an einem neuen Gestade gelandet, in dessen Bereich sich die Baiern von den Schwaben grundlegend unterscheiden: die Stellung zum Lebensgenuß.

Der bairischen Lebensfreude entspricht die schwäbische Arbeitsfreude. Der Baier will etwas von seinem Leben haben; der Schwabe ist oft schon zufrieden, wenn er abends von der Arbeit recht schön müde ist. „Schaffet, Buebe!", pflegte ein schwäbischer Vater zu seinen brotzeitmachenden Söhnen zu sagen, „wenn dr tot sind, hand'r no Zeit gnue zum Ausgruebe."

Der Baier dagegen läßt sich sowohl bei der Arbeit wie beim Lebensgenuß Zeit. Dieses „Zeit lassen!", das in Baiern bisweilen sogar als Grußformel verwendet wird, wirkt nun wiederum auf die emsigen Schwaben und Preußen zuweilen aggressiv. Sie sagen den Baiern deswegen nach, sie seien langsam und schwerfällig. Kurt Tucholsky schrieb zu Beginn der dreißiger Jahre in einer Glosse über „Das drohende Chaos": „Gemäß Verordnung der Reichsregierung beginnt morgen vormittag 9 Uhr das Chaos. Das bayrische Chaos beginnt erst um 9 Uhr 15."

Der Baier will die Welt so genießen, wie sie ist. Der Schwabe will sie fortlaufend verbessern und rentabler machen. Der Baier, vor allem ein Sinnenmensch in des Wortes guter Bedeutung, ein Genießer – der Schwabe viel eher ein Verstandesmensch, ein Vernunftmensch, ein Sinnierer und Grübler.

Es ist nun nicht so, daß der Baier ein leichtfertiger und gedankenloser Genießer wäre; auch ihn kommt bisweilen das Grübeln an. Aber wenn er über Lebensinhalt und Lebensgenuß nachdenkt, denkt er weniger an die düsteren als an die freundlichen Aspekte; immer wird die Lebensfreude Inhalt seiner philosophischen Spekulationen sein.

Ein Baier sitzt vor einem knusprigen Schweinsbraten. Und weil der Schweinsbraten halt gar so schön ist, beschließt der bairische Genießer, sich dazu eine Flasche Wein zu leisten. Wahrscheinlich hat auch er zuvor überlegt, ob er kann und soll, oder ob er nicht kann und trotzdem soll. Und weil seine Überlegungen in derlei

Fällen gewöhnlich zu einem positiven Ergebnis führen, wird das Können und Sollen auf sympathische Weise philosophisch untermauert: „Auf a schweinerns Bratl mueß i allawei a Flaschn Wein trinka, weil sunst s Bratl moana könnt, da Hund hätt's gfressn."
Der Schwabe ist dem Lebensgenuß gegenüber auch deswegen zurückhaltender als der Baier, weil er im allgemeinen sparsamer ist im Vergleich zu dem in dieser Beziehung großzügigen Baiern, der gern einmal etwas aufgehen läßt und dem der Schwabe deshalb nachsagt, er sei „aufhausig". Die Baiern aber treffen zur Rechtfertigung der ihnen nachgesagten Großzügigkeit die Feststellung: „s Geld is rund, damit s rollt". Wie kontrastvoll hebt sich dagegen ein Großmuttervers aus dem Land der den Schwaben stammesgleichen Schweizer ab:

> Die mit dem Pfennig leben
> und nach dem Chrüzer streben,
> sind brave Schwyzer Chind,
> wenn's chaini Schwobe sind.

Einst wurde – und vielleicht ist es auch heute noch so – im Wirtshaus zu Trudering eine stolze Nationalhymne lautstark gesungen. Ihr Kehrreim lautete:

> Mir ham a Geld,
> drum sa ma gstellt.
> Ring ham ma r aa
> an de Fingá.
> Mir sans ja die lustinga
> Truderingá.

Auch in Schwaben weiß man „Geld und Sach" zu schätzen. Aber das Geld hat im Lande Jakob Fuggers eine andere Funktion als bei den Baiern. Man hält's zusammen und redet nicht davon.

Der Baier freut sich seines Lebens meist ohne vorherigen Blick in den Geldbeutel oder auf den letzten Bankauszug. Auch der Schwabe freut sich bisweilen seines Lebens. Er leugnet gar nicht, daß die Welt schön ist, aber er denkt auch darüber nach, ob der Preis, den er für diese Schönheit zahlen muß, angemessen sei und kommt dabei zu dem Ergebnis: „d'Welt isch schö, aber um d'Hälfte z'teuer".

Beide Eigenschaften, schwäbische Sparsamkeit und bairische Großzügigkeit, sind vielleicht extreme Varianten einer gemeinsamen keltischen Erbmasse. In bezug auf den Lebensgenuß steht der Baier dem Franzosen näher, der Schwabe dem Schotten. Franzosen und Schotten haben wie Baiern und Schwaben keltisches Blut. Beim Schwaben ist zur angeborenen Großzügigkeit der Schotten dann später allerdings noch die Anmut und der Charme der alemannischen Schweizer gekommen.

Wir wollen versuchen, die bairische wie die schwäbische Verhaltensweise gegenüber dem Lebensgenuß durch ein praktisches Lehrbeispiel anschaulich zu machen:

Der bairische Bursch kauft sich und seinem Dirndl auf dem Münchner Oktoberfest zunächst einmal eine Maß, vielleicht auch deren mehrere. Sodann spendiert er seiner Liebsten ein Lebkuchenherz, auf welchem in Zuckerguß geschrieben steht „Ich liebe Dich" oder vielleicht auch nur das schlichte Wörtlein „Reserl". Dann demonstriert der Bursch der Angebeteten seine Manneskraft und Stärke, indem er für fünfzig Pfennig den „Lukas" haut, daß es nur so scheppert. Anschließend fährt man zusammen Achterbahn oder Geisterbahn und besucht die Liliputanerschau. Ganz zum Schluß und um das leidige Heimgehen noch ein wenig hinauszuschieben, läßt man sich dann noch vom Wies'n-Photographen zum ewigen Andenken gemeinsam photographieren.

Ein schwäbischer Romeo, der am gleichen Tag das Münchner Oktoberfest besucht, zusammen mit seiner Julia, die sich vielleicht Josefine Lederle schreibt, wird die zum Angebot stehenden Genüsse und Vergnügungen zunächst einmal kritisch mustern: das Lebkuchenherz mit der Aufschrift „Josephine" wird er nicht erwerben mit der Begründung, seine Josefine schreibe sich doch nicht mit „ph", sondern mit „f". Mit der Achterbahn und der Geisterbahn wird er nicht fahren, weil es einem davon bekanntlich schwindlig und schlecht wird. Die Liliputanerschau entlarvt er rechtzeitig als betrügerischen Nepp, denn auf dem Markt in Dillingen kann man für das gleiche oder sogar für weniger Geld wesentlich größere und stattlichere Zwerge sehen. Das Angebot des Wies'n-Photographen aber, der ihn zusammen mit seinem Fräulein Braut auf die Unsterblichkeit verheißende Platte zu bannen sich erbietet, tut der sparsame Schwabe bescheiden ab mit der Bemerkung: „Dankschön, des braucht's it, i guck se lieber a so a'."

Vielleicht dürfen wir noch ein zweites Beispiel anfügen. Nennen wir es den Zwillingstest.

Irgendwo im schwäbischen Allgäu verehrte ein Bursch ein Mädchen, das eine Zwillingsschwester hatte. Die beiden Zwillingsmädchen waren für Ungeübte nicht auseinanderzukennen. Als man nun den Burschen einmal fragte, ob und wodurch denn er die Schwestern zu unterscheiden wisse, sagte er, dies falle ihm deswegen ganz leicht, weil seine Philomena ein Pfund schwerer sei als ihre Schwester. Der sinnierende und gleichzeitig komplizierte Schwabe versichert sich also offenbar vor Eröffnung der landesüblichen Zärtlichkeiten jedesmal zuerst durch Zuhilfenahme einer Dezimalwaage, daß es sich um die richtige Dame handelt.

Anders reagiert der unkomplizierte Baier. Er wird in einem solchen Fall nicht lange grübeln. Entsprechend seiner den Lebensgenuß bejahenden Veranlagung sagt er: „Ausananda kenna? I probiers erst gar net" – und greift zu.

> De Gambsein, de schiaß ma'r a so;
> mir gengan wohl außi zu'n Jag'n,
> mir gengan wohl auffi auf d' Schneid
> und brauch'n koan Jaga net z' frag'n.
>
> Kimmt oana dazua,
> der gibt scho a Ruah,
> mir schiaß'n net schlecht,
> und da G'schwinder hat recht.
>
> De Deand'ln, de liab'n ma'r a so;
> mir kemman a's Fenschta auf d'Nacht.
> Mir klopfen gar sachte wohl an,
> bis daß sie vo drinna aufmacht.
>
> Und da Pfarra bei'n Tog
> ko plärr'n, wia'r a mog;
> bals's d'Leut amol seh'gn,
> is d'Hauptsach scho g'schehgn.
>
> (Ludwig Thoma)

Es wäre falsch, den Lebensgenuß des bairischen Menschen mit Leichtsinn gleichzusetzen. Auch der bairische Lebensgenuß ist nicht ohne Lebensweisheit und ist geprägt von Lebenserfahrung. Ein Weible, hochbetagt und deshalb längst jenseits von Gut und Böse, d.h. nur noch am Essen interessiert, hat das einmal einleuchtend demonstriert und formuliert. Im Gegensatz zu andern Christenmenschen, welche im allgemeinen erst ihre Suppe und dann das Fleisch mit Beilage zu essen pflegen, hatte es sich das Weible im Alter angewöhnt, zuerst das Fleisch und dann hinterher die Suppe zu essen. Auf diese merkwürdige Speisenfolge einmal von ihren Söhnen angesprochen, erklärte es das Weible also: „Ja, wisst's, Buam, in mei'n Alter kunnt oan mitten unter'n Eßn da Schlag treffn. Und wann i da erst bei dr Suppen war, kam i zua koan Fleisch mehr."

Wir waren eigentlich bereits beim Thema Liebe angelangt, bis uns das Weible mit seiner komischen Esserei dazwischengekommen ist und uns vorübergehend aus dem Konzept gebracht hat. Wo von Diesseitigkeit und von der Fähigkeit zum Lebensgenuß die Rede ist, muß auch von der Liebe gesprochen werden.

Das ländliche bairische Liebesleben, soweit es seinen Niederschlag in der Literatur gefunden hat und also dadurch nicht nur greifbar, sondern auch einigermaßen salonfähig ist, scheint von saftiger Diesseitigkeit: unvoreingenommen, unkompliziert, geradeaus und gradan, frontal sozusagen, wie der bairische Löwe. Wir lassen je ein bairisches Dirndl in Prosa und Poesie zum Thema „Liebe in Baiern" Stellung nehmen.

„Mi muaßt heiratn", hat's Dirndl g'sagt, „woaßt, i eß net vui und leb net lang." Ein schöner Fall von Direktwerbung. Reimweise verlautbart ein anderes bairisches Dirndl seine Gefühle, wenn man dem unbekannten Volksdichter glauben darf, wie folgt:

>s'Dirndl hat gsagt,
>s'Dirndl hot gsagt:
>jetzt kommt dr Frühling!
>Kimmst auf d'Nacht,
>kimmst auf d'Nacht?
>Dann darfst bei mir liegn.
>Aber frei' g'wiß,
>dös will i huffá;
>laß aa die ganze Nacht
>'s Fenster uffá.

Die meisten bairischen Schnaderhüpfl kreisen um's Deandl und dessen charakteristische, mehr oder weniger begehrenswerte Bestandteile. Nächst dem Deandl ist die Bettstatt ein bevorzugtes Motiv volkstümlicher bairischer Liebeslyrik. Wird der Blick aber zu höheren Sphären erhoben, dann in der Regel nur bis zum Kammerfenster:

> Schön san's scho, schön san's scho
> die Stadtleut-Menschá,
> aber z'hoch ham sie's drobn,
> eahnerne Kammafenstá   (Bairisch)

Mit Werbung als solcher wird im bairischen Liebeslied – im Gegensatz zum schwäbischen – nicht allzuviel Zeit verloren:

> Guck und ruck her zu mir,
> da brauchts koa Hintertür,
> brauchst net lang umerzwägn,
> wann d mi tatst mögn   (Tirol)

Der rechte Schwabe, der nach Abwägung von allem Für und Wider den Entschluß gefaßt hat, den Liebespfad zu beschreiten, erwägt trotzdem noch immer:

> Gu n i wit ufe
> so ho n i wit hei',
> gu n i durs Gassli,
> so stachet mi d Stei'.
> Gu n i durs Gräsli,
> so netzt mi der Tau,
> Und blib i dahaim,
> so krieg i kai Frau.   (Glarus, Schweiz)

Was heißt „keine Frau"? Was heißt „eine Frau"? Auch in der Liebe würde der Schwabe gerne global denken – er traut sich bloß nicht recht. Aber transzendente Wunschvorstellungen in dieser Richtung sind zweifellos vorhanden:

> Wenn no dr Teufel gschtorbe wär
> und i wär in dr Höll,
> und alle Mädle wäret mei'
> und i wär Obergsell! (Schwäbisch)

Auch hier wieder das alte Lied: kaum denkt der Schwabe an etwas Angenehmes, gleich will er ein Imperium. Dabei ist er seiner Natur nach viel schüchterner als der auch auf dem Feld der Liebe tatkräftigere und gradlinigere Baier. Bis der Schwabe denkt

> I sieh di wohl sitze,
> i sieh di wohl stau,
> i wött di viel lieber
> im Arm dinne hau

hat der Baier schon gehandelt. In einem solchen Fall aber hebt dann der Schwabe von neuem zu denken an:

> In de Häusle kreiset d'Mäusle,
> d'Kätzle hocket vor em Loch.
> Dent au d'Jüngferle no so zümpferle,
> d'Buebe, die verwischet s' doch

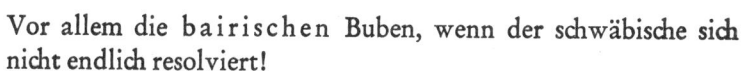

Vor allem die bairischen Buben, wenn der schwäbische sich nicht endlich resolviert!
Dem erfolgreichen, urtümlichen bairischen Herzensbrecher bereitet es, dem überlieferten Liedgut nach zu beurteilen, keinen tiefergreifenden Kummer, über mehr als ein einziges Mädchenherz disponieren zu müssen:

> Ei, ös meine Menschá!
> Mei Herz hot koa Fenschtá,
> drum secht's mr net hi'
> wia falsch daß i bi'! (Bairisch)

Dem Schwaben, wenigstens ehedem, bereitet indessen die gleiche Situation zumindest erhebliches Kopfzerbrechen:

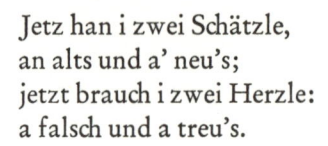

> Jetz han i zwei Schätzle,
> an alts und a' neu's;
> jetzt brauch i zwei Herzle:
> a falsch und a treu's.

Der bairische Liebhaber stellt den gleichen Tatbestand lediglich als Tatsache fest:

> A Schneewerl hat's gschneit,
> alle Dächer san weiß,
> und jetzt hob ich scho wieda
> a Deandl, a neu's.

Ein bairisches Klagelied um ein verlorenes Mägdelein kann man sich eigentlich nicht so recht vorstellen. Bei den Schwaben werden verlorene und verlassene Mägdelein dagegen mit Vorliebe besungen, denn hier ist ein trauriger Schluß anzubringen, wie die Schwaben ihn an ihren Liedern schätzen:

> Und d'Rose, die blühet
> schö frisch alle Jahr,
> aber d'Lieb blüeht bloß oimol
> und nochet isch gar.

Damit könnten wir es eigentlich des bairisch-schwäbischen Liebeslebens genug sein lassen; das Thema ist jedoch noch nicht bis zur

Neige ausgeschöpft. Selbst, wenn glücklich verliebt – oder was man dafür hält – einem richtigen Schwaben wird es trotzdem nicht recht wohl dabei werden, denn immer muß er sinnieren und sich Gedanken machen:

> Jetz möcht ich bloß wisse,
> was mei' liebs Schätzle tät:
> ob's schloft oder wacht
> oder ob's Gedanke macht – –
> Gedanke wird's mache,
> traurig wird's sei'.

Weit weniger kompliziert scheint diesbezüglich das bairische Seelenleben:

> Bin a lustiga Jaga
> geh aussi in grün' Wald,
> i schiass was mi gfreut
> und liab, was mir gfallt   (Tirol)

> An Sprung übers Gassl
> an Juchezer drauf,
> an Schnaggler ans Fensta:
> schöns Deandl, mach auf!   (Tirol)

> Schöner Bua, netter Bua,
> Geh mit mir hoam,
> Die Nacht ist m'r z'finster,
> I fürcht' mi' alloan.   (Tirol)

> s'Diendl im Kammerl
> Schreit ganz gottsjammerl':
> „Jeggas – Maria
> Kimmt denn gar koa Bua nia?"   (Steiermark)

Der Schwabe, wenn verliebt, versteigt sich im Gegensatz zu dem auch in Liebesdingen mehr der Scholle verhafteten Baiern zunächst gerne in höhere Sphären. Er findet allerdings früher oder später dann ebenfalls wieder auf die Scholle, d. h. auf den Boden der Tatsachen zurück. So beteuerte einmal ein schwäbischer Jüngling, der soeben das Herz eines Mädchens erobert hatte, was er alles tun würde, nur um immer bei ihr sein zu können: die höchsten Berge übersteigen, die breitesten Flüsse durchschwimmen ... um sich dann mit dem Versprechen zu verabschieden: „Also, morge Obed komm i wieder, wenn's it regnet!"

Es braucht nicht immer Liebe zu sein, es gibt auch andere Möglichkeiten, sich des Lebens zu erfreuen.

„I brauch koi Mädle it", hat einmal ein zu kurz gekommener Liebhaber gemeint, „vom Kegle wirds oim au warm."

Reden wir also ganz allgemein vom Fröhlichsein, vom Lustigsein. Die schwäbische Art des Lustig- und Fröhlichseins ist eine andere als die des Baiern, bei dem das Lustigsein aus dem Gemüt kommt. Beim Schwaben ist auch das Lustigsein in erster Linie eine rationale Angelegenheit, eine Sache des Verstandes. Hunderte von bairischen Liedlein und Schnaderhüpfln behaupten, daß man lustig sein könne, ohne einen Pfennig Geld im Beutel zu haben. Der vorsichtige Schwabe aber ist anderer Meinung; bei den Schwaben ist nämlich das Lustigsein an mancherlei Voraussetzungen und Vorbedingungen gebunden; sind diese gegeben, bedarf es überdies noch eines speziellen Vorsatzes, und dann erst nimmt der Schwabe einen Anlauf:

>Jetz wem'mr nochet luschtig sei'
>bei unserm Gläsle rote Wei'!

Ein Glas Rotwein also ist als Vorbedingung für jene Lustigkeit vorhanden, die nach dem festen Entschluß des schwäbischen Sängers nunmehr anheben soll. Er hält diesen Vorsatz jedoch nur eine Strophe lang durch. Bereits in der zweiten Strophe fängt er nämlich schon wieder mit dem Grübeln an, indem er über Begleiterscheinungen und eventuelle Folgen allzu heftigen Lustigseins nachdenkt:

>Ins unserm Dörfle isch's a so:
>a jeder Bursch hätt lieber zwo
>>(zu ergänzen: Mädle)

Inzwischen aber setzt auch schon der Abgesang ein und bringt den typisch schwäbisch-tiefsinnigen Schluß, gekleidet in die Weisheit des Alters:

>Dr Vattr sait: mei' lieber Bue
>i hätt scho an 'er halbe gnue.
>>(zu ergänzen: nicht „Bier",
>>sondern „Gemahlin")

Und aus ist's mit dem schwäbischen Lustigsein.
Können Schwaben, so wie die Baiern, wenn sie unter sich sind, überhaupt von Herzen fröhlich und lustig sein? Wer wagt es, diese Frage mit einem klaren „Ja" zu beantworten? Es gibt ein bekanntes Liedle, das mit den Worten beginnt:

>Die Tiroler sind lustig,
>die Tiroler sind froh...

Das scheint uns zwar ein wenig verallgemeinert, es klingt aber immerhin einigermaßen glaubhaft. Es könnte genausogut heißen:

>Die Baiern sind lustig,
>die Baiern sind froh...

Aber es ist bisher noch niemandem eingefallen, dies von den Schwaben zu behaupten oder gar zu singen.

61

Man leitet vorhandenen Frohsinn und damit verbundenen guten Charakter gerne davon ab, ob jemand singt: „Wo man singt, da laß dich ruhig nieder, böse Menschen haben keine Lieder."

Es gibt ein Schlagwort, das man, weil es schon ein paar hundert Jahre alt ist, für richtig hält. Es lautet: „Alemannia non cantat"; auf deutsch: „die Schwaben singen nicht". Das ist relativ wahr, und zwar gemessen an den Baiern; absolut gesehen ist es aber so stark übertrieben, daß es fast nicht mehr wahr ist. Denn niemand wird im Ernst behaupten wollen, daß die Schwaben keine Lieder hätten. Kein deutscher Stamm nennt so viele hausgemachte Volkslieder sein eigen wie der Stamm der Schwaben. Aber, wenn sie diese Lieder singen, dann daheim in ihrer Wohnstube, sofern im Zeitalter von Funk, Fernsehen, Plattenspieler und Tonbandgerät sich die Leute überhaupt noch selber zu singen getrauen.

Die Baiern getrauen es sich auch heute noch, vor allem im Wirtshaus. Auch in nüchternem Zustand. Im Wirtshaus singende Schwaben dagegen sind undenkbar. Seltene Ausnahmen bestätigen nicht die Regel, sondern sind einwandfrei bairischer Kultur-Import.

Vielleicht noch deutlicher wird der bairisch-schwäbische Kontrast beim bodenständigen Volkstanz. Man denke an den in Baiern beheimateten Schuhplattler: ein urtümliches Schnalzen, ein verwegenes Balzen, ein von lustvollen Juh-Schreien begleitetes Händeklatschen und Schenkelpatschen, ein vulkanhafter rhythmischer Ausbruch höchster Lebenslust, auf erhöhter Ebene sinnfällig demonstriert und zur Schau gestellt.

Und dagegen die alten schwäbischen Schreit- und Reihentänze: züchtig, fast schüchtern, verhalten, feierlich. „Woana megst", sagen die Baiern.

Summa summarum und auf einen Generalnenner gebracht: die Baiern weltoffen und sich freigiebig verschenkend, die Schwaben eingezogen und sparsam mit Gesten, Geld und Gefühlen.

Baiern-Fehlfarben

Es erscheint mir angebracht, ausschließlich für den Gebrauch von nicht-schwäbischen Feriengästen, noch eine kleine Belehrung anzuhängen. Feriengäste bekommen hin und wieder Schwaben zu sehen, die im Gegensatz zu dem vorhin Gesagten in der Öffentlichkeit sehr lustig sind, zumindest so tun. Wo solches geschieht, geschieht es mit Anstrengung und aus Gründen der Kurgastbetreuung im Rahmen eines brauchtumstrotzenden Heimatabends, dessen Soll an Urwüchsigkeit und Treuherzigkeit vertraglich zu erfüllen ist. Weil aber Schwaben – selbst dann, wenn kommerzielle Überlegung mit im Spiel ist – wissen, daß sie in ihrer eigenen Haut nicht so richtig und so „almerisch" lustig sein können und die von Fremden erwartete Lustigkeit auch nicht ganz überzeugend darstellen können, schlüpfen sie vorübergehend in eine bairische Haut. Da geht dann das Lustigsein besser.

Das wären also – so sagt der Leser, der mitgedacht hat – „bairische Schwaben" oder „schwäbische Baiern", die es nach den Gesetzen der Logik nicht geben kann, die es theoretisch auch nicht gibt, die aber in der praktischen Wirklichkeit entgegen aller Logik und Theorie paradoxerweise aus den genannten Gründen da und dort in Schwaben auf Vereinsebene dennoch vorkommen.

„Sie geben sich nicht mehr, wie sie sind, sondern wie die Fremden sie haben möchten. Wenn sie früher nie geschuhplattelt haben, tun sie es jetzt den ganzen Tag. Sie schnalzen und schnaggeln und jodeln und machen Watschentanz – direkt zum Erbarmen... Man zieht Burschen im Flachland die „kurze Wichs", die man dort nie gekannt hat, über die ungeschlachten Glieder und bringt ihnen das Duliöh bei. Bauernburschen, die früher auf dem Feld gearbeitet haben und stolz und zurückhaltend gewesen sind, hängen jetzt ihre „urboarische" Derbheit den Fremden ganz nah unter die Augen, damit sie es ja nicht übersehen. Sie sind so treuherzig, so bieder und so zutraulich, daß es einem graust" (Lachner).

Und ein anderer, der es genau wissen muß und es früher erkannt hat als andere, der altbairische Schriftsteller Georg Queri, schreibt schon im Jahre 1912:

„In Hunderten von Dörfern wurde plötzlich die ‚Miasbecker Wichs', die vordem nur ein ganz beschränktes Verbreitungsgebiet hatte, durch eine unglaubliche Vereinsmaierei großgemacht, während die bunte Reihe interessanter ortseigener Trachten mehr und mehr in den Hintergrund trat. Eine in Kniehosen wandelnde Fremdenindustrie."

Damit soll nichts gegen Unterhaltungsabende gesagt sein, bei denen die Einheimischen ihren Gästen zeigen wollen, was hierzulande der Brauch ist, wenn sie es so tun, daß sie ein Stück ihres eigenen Wesens zeigen und nicht importierte bairische Platzl-Kultur.

Ein echter schwäbischer Heimatabend, d. h. ein Abend, der mit schwäbischen Liedern und Tänzen in zeitgemäßen schwäbischen Trachten bestritten wird, bei dem sich die Schwaben ohne Verleugnung ihres Stammescharakters und ihres hergebrachten Volkstums so geben wie sie sind, wird den Unterschied zu einem Unterhaltungsabend im Bairischen, der dort nach den gleichen anständigen Grundsätzen gestaltet wird, klar zeigen und den Unterschied zwischen echtem bairischen und echtem schwäbischen Lustigsein optisch und akustisch offenbar machen.

Es mag schon sein, daß ein Heimatabend mit bairischen Buam und Madln, ganz gleich ob echt oder unecht, den Saal und die Kasse zuverlässig füllen. Aber das ist kein Qualitätsbeweis.

Es hat auch literarische Großverdiener gegeben, für die sich der Hautwechsel ausgezahlt hat. Wir meinen Ludwig Ganghofer. Die meisten werden es vielleicht nicht glauben wollen, aber es ist trotzdem so: Ludwig Ganghofer, Verfasser zahlloser uroberbairischer Romane, war ein gebürtiger Schwabe und hat die ersten zwanzig Jahre seines Lebens in Schwaben zugebracht. Dann erst beschloß er, literarischer Baiernimitator zu werden. Drum wirds einem – im Gegensatz zu dem, was Ludwig Thoma geschrieben hat – beim Lesen dessen, was Ludwig Ganghofer geschrieben hat, nicht übermäßig wohl.

Ganghofers Mutter, eine Schwäbin mit dem Herz auf dem rechten Fleck und einem auch gegenüber dem eigenen Dichtersohn ungetrübten kritischen Blick, hat ihrem „Büble" einmal in anderem Zusammenhang nach Berlin geschrieben: „... Büble, der Goethe hats besser können wie er noch so jung war wie Du! ... Bist denn so? Gelt, nein?! Warum lügst Du denn nachher? Bloß wegen der Rennomaschi bei den Kaffeehausbrüderlen? Die machen Dich nicht zum Dichter, wenn Du nicht selber einer bist... Und mach in Zukunft bloß, was Du kannst und gib Dich wie Du bist; aber ich sorg, das wird nie ein Dichter, der feuerfarbig sein will, wenn er grün ist und alleweil anderst ausschauen will als ihn Gott hat wachsen lassen." Wir meinen: die Frau hat recht. Der Goethe hats wirklich besser können und der Thoma auch. Nicht zuletzt deswegen, weil sie in ihrer eigenen Haut geblieben sind. Aber genug der Lyrik! Wenden wir uns deren Kehrseite zu!

Fast mehr noch als die Schwaben stehen die Baiern im Rufe einer gewissen Grobheit. Man beeilt sich allerdings in der Regel, hinzuzufügen, daß es sich nur um die sogenannte rauhe Schale handle. Von einem Bremer Gericht wurden vor einigen Jahren einem wegen Gewalttätigkeit Angeklagten mildernde Umstände zugebilligt, weil er – wie es in der Urteilsbegründung hieß – als Baier ohnehin von roherer Gemütsart sei.

Der Vorwurf der Grobheit ist im Laufe ihrer Geschichte vielen deutschen Stämmen gemacht worden, besonders aber den Schwaben und den Baiern. Die Grobheit der Baiern wird im Gegensatz zur Grobheit der Schwaben „herzerfrischend" genannt; sie muß

Wer ist der Gröbste im ganzen Land?

sich also von der schwäbischen vorteilhaft unterscheiden. Und so ist es in der Tat. Die Grobheit etwa eines bairischen Lastwagenfahrers von der Fakultät „Bau–Steine–Erden", mit dem man als Autofahrer in einen Wortwechsel verstrickt wird, ist eine andere Grobheit als die seines schwäbischen Berufskollegen, dessen Äußerungen man nicht unbedingt als „saugrob" bezeichnen kann. „Saugrob" ist eher der offenherzige Baier. Der feine Unterschied liegt darin, daß beim bairischen Grobian zwar unhörbar, aber doch spürbar, immer noch eine Spur Sympathie mit dem Diskussionsgegner mitschwingt, ein Stück bairische Herzensmelodie sozusagen, während die schwäbische Grobheit spürbare Ablehnung ist. Keine Spur von Herzlichkeit. Von so einem sagt man in Baiern: „Der hot an Leberkas, wo ander Leut's Herz ham."

Es gehört im allgemeinen nicht zum Wesen der Schwaben, laut und mit Donnergepolter zu schimpfen. Deswegen ist es vonnöten, den historischen Nachweis zu führen, welchen Grobheitsgrades die Schwaben in Worten und Werken fähig sind, besser gesagt: vor ihrer Zähmung fähig waren – damit nicht die Vermutung aufkommt, die Schwaben hätten weniger Temperament, wären weniger blutvoll oder stünden weniger im Saft als die Baiern.

Die Geschichte von Heinrich dem Kempter, der Kaiser Otto den Großen wegen einer Meinungsverschiedenheit am Bart gepackt und auf den zum Mittagessen gedeckten Tisch geworfen hat, ist bekannt; aber sie ist eine Legende und kann nicht als historischer Grobheitsbeweis der Schwaben dienen. Auch, daß zu Zeiten der Städtekriege ein bewaffnetes Heer auf dem Kriegsmarsch einem schlafenden Kempter auszuweichen für ratsam hielt, ist eine Sage mit einem wahren Kern, für Ungläubige aber ebenfalls kein stichhaltiger Beweis.

Aber eines steht fest und ist auch historisch zu belegen:
Es hat eine Zeit gegeben, wo die Baiern vor den Schwaben Angst

gehabt haben. Immerhin hat der heilige Severin (gest. 482) einen Exodus seiner bairischen Christen dem Zusammentreffen mit den schwäbischen Christen vorgezogen. Severin, der wahrscheinlich d a f ü r den Ehrentitel eines „Schutzpatrons der Baiern" erhalten hat, evakuierte seine christkatholischen Schäflein rechtzeitig, ehe die schwäbischen Brüder in Christo erschienen, nach dem Motto: Rette deine Seele!

Ein Beweis, den jedermann anerkennen wird und muß, ist der Text des sogenannten „Pactus Alamannorum", der um das Jahr 660 unter Heranziehung einer älteren Vorlage konzipiert wurde, in einer Zeit, da die Franken darangingen, aus den Schwaben Christen zu machen und sie an sanfte Sitten zu gewöhnen. Das schwäbische Gesetzbuch, das von 33 Bischöfen, 34 Herzögen und 65 Grafen beraten und beschlossen worden war, besteht fast ausschließlich aus Strafvorschriften: „Wenn jemand dem andern den Schädel einschlägt, so daß das Gehirn erscheint, so soll er zwölf Schillinge Buße zahlen." So fängt das Gesetzbuch gleich an. Anschließend wird dann das Schädeleinschlagen fachmännisch beschrieben – im Sinn mildernder Umstände – so z. B., wenn einer dem andern „nur" einen gewöhnlichen Schädelbruch beigebracht hat; in diesem Fall kommt er mit drei Schilling Buße davon. Bleibt am Stecken ein Stück Knochen hängen, sind sechs Schillinge fällig. Natürlich muß es sich bei drei Schillingen Strafzulage schon um ein gewichtiges Stück Knochen handeln und nicht nur um einen Knochensplitter.

Das Gesetz sagt auch, was ein „richtiges Stück Knochen" ist, nämlich: das aus dem Schädel herausgeschlagene Knochenstück muß, um drei Schillinge zusätzliche Buße einzubringen, so groß sein, daß es einen hörbaren Ton gibt, wenn man es aus sieben Meter Entfernung gegen einen Schild wirft.

Genüßlich zählen die schwäbischen Gesetzgeber alle stammesüblichen Folgen von Meinungsverschiedenheiten auf: Abschlagen der Oberlippe, Abschlagen der Unterlippe, Durchstechen der Nase, Abschlagen der Nase oder bloß der Nasenspitze, Ausschlagen der Vorderzähne oder Eckzähne oder Backenzähne, Abhauen einzelner Finger oder Fingerglieder, Zehen oder Zehenglieder. Ein bloßer „Beulenschlag" oder ein „Balgbruch" kostet natürlich nicht so viel, als wenn jemand lahmgehauen wird.
Dieser ganze umfangreiche Abschnitt trägt bezeichnenderweise die Überschrift: „Streitsachen, wie sie oft im Volk zu geschehen pflegen" (nach Feger).
Daß im alemannischen Recht auch das Verprügeln, Verwunden und Verstümmeln von Bischöfen geregelt wird, läßt den Schluß zu, daß die guten alten Schwaben ihrem Temperament ohne Ansehen der Person freien Lauf gelassen haben.
Inzwischen sind die Schwaben in bezug auf Herbeiführung von Leibesschäden viel zurückhaltender geworden. Aber nun ist's offenbar a u c h wieder nicht recht:
In „Jenseits von Gut und Böse" schreibt Friedrich Nietzsche nämlich: „Gutmütig und tückisch, ein solches Nebeneinander, widersinnig in bezug auf jedes andere Volk, rechtfertigt sich leider zu oft in Deutschland; man lebe nur eine Zeitlang unter Schwaben!"
Der große Denker Nietzsche mag vieles durchdacht und erkannt haben; das Wesen der Schwaben hat er nicht erfaßt. Nietzsche begeht den Fehler, zu glauben, Friedfertigkeit und Gutmütigkeit müßten gepaart sein mit Dummheit. Gutmütige Menschen lassen sich freilich in der Regel leicht hereinlegen und übervorteilen – ausgenommen die Schwaben. Nietzsche nimmt es den Schwaben übel, daß sie gutmütig und dabei intelligent sind.
Ein Zeitgenosse Friedrich Nietzsches, der oberbairische Bezirksamtmann von Schongau, Wilhelm Syller, dem in seinem Land-

kreis Baiern und Schwaben untertan waren, charakterisiert die beiden Stämme im Jahre 1878 folgendermaßen: „Der bairische Teil der Bevölkerung zeigt weniger Sinn für geistige Ausbildung. Man findet nicht selten Roheit und Verwilderung der Gemüter, Stupidität, Mangel an Rechtssinn und Gesetzesverachtung. Das Temperament der Schwaben ist lebhaft und das geistige Auffassungsvermögen ziemlich entwickelt, weshalb eigentlich dumme Leute hier nur in geringer Zahl betroffen werden."

Vielleicht ist Nietzsche in der schwäbischen Verhaltensweise etwas aufgefallen, was er versehentlich für „Tücke" gehalten hat: im Gegensatz zur Geradlinigkeit des Baiern macht der Schwabe gern ein taktisches Bögle; im Gegensatz zur Offenherzigkeit des Baiern läßt sich der vorsichtige Schwabe nicht gern in die Karten gucken.

> I bin a Schwob, a Schwob bin i,
> i tue ganz gern sinniere,
> i stell mi dumm und sag it viel
> und b'halts für mi im Hiere

Und was einem im Umgang mit Schwaben immer wieder auffällt: im Gegensatz zum Baiern, der unkompliziert ist, macht der Schwabe eine Sache, auch wenn es ganz und gar nicht nötig wäre, gern ein bissele umständlich.

Am Bahnhof in Ulm steigt eine alte Dame aus einem Zug und steht nun auf dem Bahnsteig. Eben hat ein Bahnbediensteter über Lautsprecher die nächsten Anschlüsse, Abfahrtszeiten und Gleisnummern bekanntgegeben. In dem Augenblick, da er seine Sprechzelle verläßt, bemächtigt sich seiner die ratlose und deshalb etwas erregte alte Dame: „Bitte, fährt der Zug nach Friedrichshafen auf diesem Gleis hier ab?" Wäre Ulm eine bairische Stadt und der Auskunftsbeamte ein bairischer Auskunftsbeamter, die Antwort auf die eben gestellte Frage würde schlicht gelautet haben:

„Ja." Zwei Buchstaben, nicht mehr. Aber Ulm ist nicht bairisch und der Auskunftsbeamte auch nicht. Und deswegen wird es komplizierter: „Grad tue'r i s'Maul zue", sagt der Mann. Weiter nichts. Wo der Baier mit zwei Buchstaben Klarheit geschaffen und Zufriedenheit verbreitet hätte, wendet der Schwabe siebzehn Buchstaben daran, um als Ergebnis Verwirrung und Ratlosigkeit zu hinterlassen.

Noch reizvoller ist die Paarung eines komplizierten und sinnierigen Schwaben mit einem unkomplizierten und geradlinigen Baiern. An den „Briefkastenonkel" einer schwäbischen Tageszeitung richtete eine Einsenderin, die aus eigener Kraft mit den Welträtseln nicht mehr fertig wurde, die folgende Anfrage:

1. Ist bei den Herrenhüten der Rand angenäht oder besteht der ganze Hut aus einem Stück?
2. Sind die Tragflächen am Flugzeugrumpf angeschweißt oder angenietet?
3. Wie lautet das klassische Zitat des Götz von Berlichingen korrekt – „im" oder „am"?

Der „Briefkastenonkel", ein Baier und deshalb weniger grüblerisch und gar nicht kompliziert, antwortete ein paar Tage später in seinem Blättle in der Briefkastenspalte:

Frage 1 und 2 verstehen sich im Sinn von Frage 3. Bei dieser ist es gleichgültig, ob „im" oder „am", Hauptsache: mich.

Bairisch-schwäbisches Jenseits

Das Kapitel, das als Gegengewicht zum Diesseits nunmehr vom bairisch-schwäbischen Jenseits, also von religiösen und überirdischen Dingen handeln soll, ist deswegen ein schwieriges Kapitel, weil man – wie der Schwabe sagt – „it in d'Leut nei'sieht, sondern bloß dra'na'". Da der Verfasser weder ein Tiefenpsychologe noch ein Seelenforscher ist, gedenkt er sich also mit äußerlichen, mit greifbaren Bekundungen der bairischen und schwäbischen Volksseele im Hinblick auf das jenseitige Verhältnis zu begnügen.

Nehmen wir als Ausgangspunkt die Vergänglichkeit des Lebens. Sie wird sowohl von Baiern wie von Schwaben beklagt, aber auf verschiedene Weise. Ein Wort des 90. Psalms, das besagt, daß das Leben so schnell dahinfahre, als flöge es davon, hat vor fast fünfhundert Jahren der Magister, d. h. Schulmeister Martinus von Biberach, der 1498 in Heilbronn gestorben ist und der sich als gewissenhafter Mann noch zu seinen Lebzeiten seine eigene Grabinschrift gedichtet hat, in folgende schlichte Verse gefaßt:

> Ich leb, ich weiß nit, wie lang,
> ich sterb und weiß nit wann,
> ich fahr, weiß nit wohin.
> Mich wundert, daß ich fröhlich bin.

Und wie formuliert der Baier den gleichen Gedanken?

> Ehwann ma si umschaut,
> ehwann ma si bsinnt,
> vatrenzt ma sei' Lebn
> als vatragats der Wind.

Der Schwabe wundert sich, daß er in Anbetracht der Ungewißheit des Lebens überhaupt einmal lustig sein kann; der Baier ärgert sich, daß er, weil doch das Leben eines Tages vorbei ist, nicht viel öfter lustig gewesen ist.

Es hat, um einen kleinen Abstecher ins Gebiet der Kunstgeschichte zu machen, seinen tiefen Grund, daß das schwäbische Land bis heute der weltabgewandten, himmelwärtsstrebenden ernsten Gotik weit mehr verhaftet ist als das Baierland, aus dem der heitere Barock schließlich auch nach Schwaben gekommen ist.

Als die unsicheren Verunsicherer noch nicht öffentlich am Werk waren und die einfachen Leute in Stadt und Land noch das glauben ließen, was sie gerne glauben wollten, da hat manch ein durch katholische Gebiete des schwäbischen oder bairischen Landes reisender Fremdling an Sonn- und Feiertagen sich die Frage gestellt, was es wohl für eine Bewandtnis, wenn nicht gar tiefere Bedeutung habe, daß vor den Türen der Dorfkirchen sich Scharen von Männern und Jünglingen drängten, während im Kircheninnern die gottesdienstliche Handlung in vollem Gange war. Auf der Suche nach einer Erklärung für dieses bairisch-schwäbische Phänomen läge nahe, diese Ansammlungen als eine Folge moderner Übervölkerung anzusehen. Es wäre in diesem Falle an dem, daß der männliche Teil der Dorfbewohner den Frauen und Kindern den Platz in der Dorfkirche überließe, während man selbst, eventueller Unbill der Witterung trotzend, sich vor der Kirchentüre drängt. Nicht ohne Bedauern müssen wir feststellen, daß eine solche Erklärung unzutreffend wäre. Trotz der unbestreitbaren Bevölkerungszunahme sind die Kirchen in der Regel immer noch groß genug. Ein schwäbischer Pfarrer hat das auf die einfache Formel gebracht: „Wenn alle nei'ginget, ginget it alle nei'; weil aber it alle nei'ganget, gand alle nei'." Aber die Männer? Sie gehen offenbar n i c h t hinein. Gewiß; aber nur deshalb, weil sie nicht hineingehen wollen. Weil sie, wie ein anderer Pfarrer es ausgedrückt hat, das „Wort Gottes" nicht hören wollen. Dieser Pfarrer meinte dabei mit „Wort Gottes" seine eigene Predigt. Die Predigt ist denn auch der tiefere Grund für die außerkirchlichen Volksansammlungen. Ein Allgäuer Bauer, der mit seinem Seelenhirten dieserhalb einmal einen Disput hatte, wußte Rat, wie jenem Brauch abzuhelfen wäre, der für einen Pfarrer zugegebenermaßen nicht beglückend sein kann. Der Allgäuer schlug vor: „Hochwürden, haltet Sie doch Ihre Predigte vorhusse, nochet isch d'Kirch voll."

Es ist aber, um den Tatbestand vollends zu klären, nun nicht so, daß die Männer und Jünglinge im bairischen und schwäbischen Land überhaupt nichts von Gott und Gottes Wort wissen wollten; wenn's ernst wird, d. h. zur Wandlung und Austeilung des Weihwassers, drängen sie mit um so größerer Inbrunst in die Kirche, um des Segens teilhaftig zu werden.

Wenn nun aber die christkatholischen Baiern und Schwaben ohnehin einen Großteil des Hochamts außerhalb der Kirche zubringen, wie ist es dann zu erklären, daß „schnelle" Geistliche allenthalben beliebter sind als „langsame"? Es gibt Pfarrer, die lesen die Messe herunter wie am Schnürle, und es gibt andere, die lassen sich damit fast ärgerniserregend viel Zeit. Einem Pfarrer letztgenannter Richtung, der zu allem hin auch noch einen langsamen Mesner hatte, nagelten einmal einige seiner männlichen Schäflein einen Zettel an die Kirchentür:

> Wann du und dr oa
> net gschwinder teats toa,
> na seids du und dr oa
> am nächsten Sunntag alloa.

Zum besseren Verständnis für Landesunkundige: der da mit einem schlichten „du" angeredet wird, ist der hochwürdige Herr Pfarrer; „dr oa" ist der Mesner, der beim Amt assistiert.

In Hohenbercha bei Freising findet sich an der Tumba eines 1812 verstorbenen Pfarrherrn folgende Inschrift:

> Hier liegt der Pfarrer Eberhart,
> Ein Mann von alter deutscher Art.
> Von den gelehrten war er keiner,
> Aber von den geschwinden einer;
> „Kurz und gut" haben's die Bauern gern,
> Drum trauern's um ihren geschwinden Herrn.

Ein anderes, leider ebenfalls rein äußerliches Kriterium sind die Feiertage, insbesondere die ehedem so zahlreichen Festtage der vom Landvolk verehrten Heiligen. Neben den Sonntagen waren das in alter Zeit noch einmal 143 Tage, an denen als kirchlichen Feiertagen bei Strafandrohung nicht gearbeitet werden durfte und die Kirche besucht werden mußte. Wenn auch nicht in allen Gebieten diese meist der Ehre der Heiligen gewidmeten Festtage gleichmäßig als gesetzliche Feiertage gehalten wurden, so klagte doch vor allem im arbeitsamen Schwabenland die bäuerliche Bevölkerung häufig über die allzu vielen Festtage, an denen nicht gesät und nicht geerntet, kein Gras gemäht und kein Heu eingeführt werden durfte. Als dann im Zuge der Aufklärung auch im deutschen Süden die Hälfte dieser Feiertage durch Gesetz abgeschafft wurde, war die Reaktion im Schwäbischen eine andere als im Bairischen. Die Schwaben freuten sich, daß sie fortan mehr schaffen durften, die Baiern aber murrten zu Ehren der Heiligen Sebastian, Blasius, Georg, Veit, Lorenz, Michael, Korbinian, Benno, Kilian, Ulrich, Isidor, Wendelin, Leonhard und Nikolaus und erschienen, gutes altes Herkommen über neue Gesetze stellend, weiterhin an den abgeschafften Heiligentagen in Kirche und Wirtshaus, so lange, bis die bairischen Amtsrichter mit Einsperren drohten. Da aber das bairische Volk ein braves und von alters her in der Furcht des Herrn erzogenes Volk ist, fand man sich mit der Zeit halt mit den gotteslästerlichen Neuerungen ab, bis auf die Landeshauptstadt München, wo im Jahre 1772 das Militär mit Kanonen auffahren und mit entsicherten Gewehren gegen die feiertags-besessenen Bürger vorgehen und der Amtsrichter Märtyrer schaffen mußte, indem er den Anführern der Rebellion vor der Münchner Hauptwache nach landesväterlichem Ermessen je 25 Stockprügel verabreichen ließ.

Es ist im allgemeinen so, daß man in Baiern und Schwaben und wohl auch anderwärts außerhalb von Kirche und Friedhof sich nicht unbedingt mit religiösen oder jenseitigen Dingen befaßt oder gar davon spricht.

Von der „Ewigkeit" z. B. weiß man nur so viel, daß sie sich ein ganz nettes Stückle in die Länge zieht. Das weiß man und das glaubt man. Und weils eben nun einmal so ist, gibt sich das einfache Volk damit zufrieden, ohne viel darüber zu reden.

Eine Ausnahme machen allenthalben nur die Dichter. An sie wollen wir uns halten. Kein einziger von denen, die wir nachfolgend zitieren werden, findet sich allerdings in „Kürschners Deutschem Literatur-Kalender" oder im „Großen Brockhaus". Keiner dieser schwäbischen oder bairischen Dichter hat Gesammelte Werke hinterlassen.

Es waren nur Dichter bei Bedarf, und vielleicht hat mancher dieser Unbekannten zeit seines ganzen Lebens nur einen einzigen Marterlvers oder eine einzige poetische Grabinschrift zustande gebracht. Wir möchten aus der Zeit des 17., 18. und 19. Jahrhunderts Proben dieser ländlichen Dichtkunst bringen. Die nachstehend zitierten Inschriften sind heute am einstigen Ort wohl kaum mehr vorhanden; von denen, die sie noch rechtzeitig aufgeschrieben und veröffentlicht haben, werden sie ausdrücklich als authentisch, d. h. zur Zeit der Aufzeichnung als tatsächlich vorhanden bezeichnet.

Ein sehr früher Beleg für eine „barocke" Grabinschrift findet sich in der Bregenzer Pfarrkirche an dem 1672 für den kaiserlichen Feldobristen Kaspar Schoch, einem gebürtigen Allgäuer, errichteten Grabmal; er hat die Inschrift selbst gedichtet:

> All Hie ligt der Madensack.
> Nun Helfen Dich Weder Pistoll Noch Pracht.
> Weil Du Aber Den Grabstein Hast Bei Zeiten Gmacht,
> Wirdt Dich Hoffentlich Gott Nemen In Obacht.

Der tüchtige Kaspar Schoch, der sich als Kind eines Leibeigenen des Klosters Isny vom Hundebuben in Wallensteins Lager zum kaiserlichen Oberst emporgedient hatte, hat als fleißiger und grübelnder Schwabe an alles gedacht, auch an seinen eigenen Tod. Infolgedessen führte er während der letzten Jahre des Dreißigjährigen Krieges auf seinen Feldzügen immer seinen eigenen Sarg mit sich herum. Schoch scheint für den Eigenbedarf mehrere Grabinschriften gedichtet zu haben. Außer derjenigen, die in Bregenz noch heute in Sandstein gemeißelt zu lesen ist, gibt es eine weitere:

> Allhier in diesem Loch
> Liegt Obrist Casper Schoch.
> Ein Soldat, den der Degen
> Zuvor in seinem Leben
> Erhebt zu großem Glück,
> Muß jetzt des Todes Tück
> In dieser Kruft erfahren;
> Und der vor vielen Jahren
> That so siegreiche Stürm,
> Jetzunder überwunden,
> In dieser Höhlen drunden,
> Werden ein Speis der Würm.

Der Brauch, eines ordnunggemäß Verschiedenen oder unerwartet Dahingegangenen durch ein Bildstöckle oder ein Marterl mit einem frommen oder fromm sein sollenden Vers zu gedenken, kommt entweder überhaupt aus dem Bairischen oder es hat sich diese Sitte im barocken bairischen Klima erst richtig entfalten und entwickeln können; es darf angenommen werden, daß derartige derb-naive – auf uns, die wir den alles andere als ungläubigen Humor jener Zeit nicht mehr so recht verstehen können, bisweilen fast respektlos wirkende – Reime am ehesten barocken bairischen Köpfen entsprungen sind. Deswegen ist es kein Zufall, daß sich Marterl und Bildstöcke mit originellen Grabinschriften in Ober- und Niederbaiern, in Nord- und Südtirol, im Salzkammergut und im ganzen übrigen von Bajuwaren besiedelten Österreich einst geradezu häuften. Von dem wenigen, was davon in Schwaben zu finden war und ist, scheint manches bairischer Import zu sein. Schwäbische Eigenerzeugung könnte allerdings jene sowohl wegen ihrer Kürze wie nüchternen Sachlichkeit bemerkenswerte Inschrift sein, die früher in der Martinskapelle zu Bludenz an die Wand gemalt war:

> Mich, Graf Wilhelm von Montfort,
> behüte Gott hier und dort.   Amen

Schwäbischen Geistes ist die Grabinschrift, die sich einst auf dem Bergfriedhof von Wurmlingen bei Rottenburg fand:

> Ruhe nun du liebe Seele
> in der kühlen Erdengruft
> neben deinem Vetter Stehle,
> bis der Herr euch beide ruft.

Der Wurmlinger Bergfriedhof scheint ehedem eine Fundgrube origineller schwäbischer Grabinschriften gewesen zu sein. Auf dem Grabstein einer Jungfrau stand z. B.:

> Manche Rose sinkt ins Grab;
> diese brach als Knopf schon ab.

Anmerkung für den des Schwäbischen unkundigen Leser: „Knopf" bedeutet im Schwäbischen auch „Knospe".
Auf dem Grabstein eines Buben:

> Hier ruht ein kleines Bengelein,
> vielleicht ist's jetzt ein Engelein.
> Gott nahm ihn deshalb von der Erde,
> daß er kein großer Bengel werde.

Durchaus sachlich und trotzdem poetisch:

> Im Leben so rot wie Zinnober,
> im Tode wie Wachs so bleich.
> Sie starb am 10. Oktober,
> am 13. war die Leich.

Vielleicht wirkt die folgende Grabinschrift, die sich ebenfalls auf dem Wurmlinger Bergfriedhof, und zwar auf dem Grab einer Dame gefunden haben soll, auf uns etwas gar zu persönlichkeitsbezogen. Ehrlicher Groll einer enttäuschten Verwandtschaft auf die verstorbene Erbtante und ihre Verführer spricht aus den Versen:

> Die hier liegt in diesem Grabe,
> hat versoffen ihre Habe.
> Nun, ihr Wirte, kommt in Eil
> und betet für ihr Seelenheil!

Ein moderner Leser wird argwöhnen, dieser Vers sei erfunden. Wir möchten dies aber nicht ohne weiteres annehmen. In der Zeit des Barock war vieles möglich, was heute undenkbar erscheint. Immerhin ist aus dem Jahr 1754 ein kleiner Grabvers authentisch überliefert, und zwar durch den Benediktinerpater Odilo Schreger, dem wir nicht zutrauen wollen, daß er mit der Wahrheit fahrlässig umgegangen sei. Der Genannte hat im Jahre 1754 in Regensburg ein Büchlein drucken und verlegen lassen; es heißt „Lustig- und nutzlicher Zeit-Vertreiber ... zum Lust und Nutzen eines Melancholischen und langweiligen Gemüths zusammengetragen von R. P. Odilo Schreger, Benedictiner in dem befreyten Kloster Ensdorf in der Obern Pfaltz".

Der in diesem Büchlein aufgezeichnete Grabspruch lautet:

> Hier liegt begraben,
> der gfüllt hat seinen Kragen
> mit Brandwein und Bitter Bier.
> Ist also entschlaffen hier.

Dazu paßt eine weitere Überlieferung aus Feldkirch, von welcher derjenige, der die Inschrift damals aufgezeichnet hat, sagt, daß sie noch zu Ende des vergangenen Jahrhunderts vorhanden gewesen sei:

> Hier ruht Franz Josef Matt,
> der sich zu Tod gesoffen hat.
> Herr gib ihm die ewige Ruh
> und ein Gläsle Schnaps dazu.

Für den modernen Menschen glaubhafter klingt der gereimte Nachruf auf den in Schongau, an der Grenze zwischen Baiern und Schwaben, begrabenen Kanonier im 4. Artillerieregiment, Sebastian Burker, zumal hier außer dem Namen auch die genauen Lebensdaten (geb. 17. Mai 1848, gest. 23. März 1871) angegeben sind:

Ein braver Soldat ist er gewesen,
Bei siebenthalb Schuh hat er gemessen.
Er zog für König und Vaterland
Hinein in das Franzosenland.
Einen Fuß mußt er in Frankreich lassen
Und hier dann ganz zu Tod erblassen.
Oh heiligste Dreifaltigkeit
Mach ihm den Himmelsweg nicht weit!
Mit einem Fuß, an seiner Krücken
Kann er die Straß nur langsam hinken.
Und heißt es einmal: Auferstehn!,
Schenk ihm den andern Fuß zum Gehn,
Damit bei der Parade droben
Er Dich kann mit zwei Füßen loben!

Stark schwäbischen Einschlag hat eine Inschrift, einst zu lesen auf dem Friedhof Fuhrbichl bei Eichstätt. Hier wird der liebe Gott nicht nur angesprochen, er wird geradezu bei der Ehre gepackt, sich nicht lumpen zu lassen und nicht kleinlicher zu sein als der dahingeschiedene Dillinger Fuhrmann.

Hier liegt der Dillinger Bott.
Sey ihm gnädig, Herr und Gott,
so wie auch er Dir gnädig wär,
wenn Du wärst der Dillinger Bott
und er Dein Herr und Gott.

Wie der Schwabe, der mehr fürs Absolute ist und in diesem Fall aufs Ganze geht, den lieben Gott, so packt der Baier den hl. Florian bei der Standesehre:

Dieses Haus steht in St. Florians Hand,
Verbrennt es, ist's ihm selbst ein Schand.

Für schwäbisch würde man auf den ersten Blick vielleicht auch die beiden folgenden Grabverse halten, welche schuldige Pietät mit wirtschaftlicher Werbung in einer Art konzertierter Aktion aufs glücklichste zu verbinden wissen:

> Mein guter Mann verschied in Frieden,
> Sanft möge seine Asche ruhn,
> Mit Leder handelt er hienieden.
> Wie er, werd ich es künftig tun.
>
> ———
>
> Hier ruht leider mein Gemahl,
> Er war Schneider unten im Tal.
> An seiner Stelle setz ich dort
> Mit dem Gesell die Arbeit fort.

Aber weder der verblichene Lederhändler noch der Schneider waren zu Lebzeiten Schwaben; vielmehr sind sie im Ötztal daheim und tätig gewesen. Geschäftstüchtigkeit scheint also nicht ausschließlich den Schwaben vorbehalten zu sein.
In einem Pariser Friedhof fand sich auf einem Grabstein (lt. Neue Zürcher Zeitung vom 16. 1. 1972) folgende Inschrift:

> Hier ruht Pierre Victor Fournier, Erfinder
> der Dauerlampe, die einen Petroleumverbrauch
> von nur einem Centime pro Stunde hat.
> Er war ein guter Vater, Sohn und Gatte.
> Seine untröstliche Witwe führt das Geschäft
> an der Rue aux Trois weiter.
> Versand nach allen Orten.

Geschäftstüchtigkeit unter Mitwirkung Dahingegangener also vielleicht nicht schwäbisches, sondern keltisches Erbe?

Wir bringen zum Abschluß noch einige ausgewählte Marterl- und Grabverse, die eindeutig bairischen bzw. bajuwarischen Ursprungs sind:

Hier ruht der Moser Beni,
Hinterlassen hat er weni:
an Maßkrug und a Kruzifix,
sonst nix.   (Bairisch, ohne nähere Angabe)

Hier ruht Franz Schiestl, geb. . . . gest. . . .
Er war zeitlebens ein guter Schwanz,
Betet für ihn einen Rosenkranz!   (Hall, Tirol)

Wanderer, steh still und weine!
Hier brach eines seiner Beine,
Als er kam von der Dresdener Hütt,
Rechtsanwalt Dr. Schmidt.
    (Marterl bei der Mutterbergalm im Stubaital)

Wanderer, steht still und schnaufe,
Bete ein Vaterunser und ein Auve!
    (Bildstock im Ötztal)

Hier ruht Herr Joseph Schinabeck,
Im Frieden sanft, im Kriege keck.
Ein Engel war er auf Erden schon
Und Gfreiter im sechsten Jägerbataillon.
    (Prien, Chiemsee)

Hier liegt unter allerhand
Auch der Peter Violand.
Er war im Leben welcher
Und von Beruf ein Selcher.
Er lebte in Furcht und Zucht
Und starb an der Wassersucht.   (Sterzing)

Hier liegt Maria Zundner,
Eine geborene Grundner,
Welche in ihrem Leben hat lassen
Den Altar in Gold einfassen.
Gestorben ist sie im Augustus.
Gelobt sei Jesus Christus.   (Lienz)

Der Weg in die Ewigkeit
Ist wahrlich gar nicht weit.
Um sieben Uhr fuhr er fort,
Um acht Uhr war er dort.
      (Bildstock für einen verunglückten
      Fuhrmann im Stubaital)

Hier liegt Elias Gfahr,
Gestorben im sechzigsten Jahr.
Kaum hat er das Licht der Welt erblickt,
Hat ihn ein Wagenrad erdrückt.   (Berg Isel)

Hier liegt Theresia Feil.
Sie starb in aller Eil.
Von Heustocks Höh'n fiel sie herab.
Sie fiel in eine Gabel,
Zum großen Lamentabel
Fand sie darin ihr Grab.   (Taufers)

Ein ungereimtes Gegenstück fand sich dereinst auf dem Friedhof in Heiligenblut:

> Hier ruht der Junggesell Matthias Wallner
> im 55. Lebensjahr,
> welcher beim Heuziehen im Herrn entschlief.

> In diesem Grab ruht Anich Peter,
> die Frau begrub man hier erst später.
> Man hat sie neben ihm begraben.
> Wird er die ewige Ruh nun haben?
>
> (Oberperfuß, Tirol)

Rührend ist eine Grabinschrift für einen zu Gansheim im schwäbischen Ries 1807 verstorbenen Pfarrherren:

> Hier ruht der kleine Peter Schwerle
> In Gansheim war er einst Pfarrherrle.

Noch kürzer und sachlicher schreibt eine trauernd hinterbliebene Oberinntaler Pfarrgemeinde ihrem verstorbenen Seelenhirten auf den Grabstein:

> Hier ruht der Herr Melcher,
> ein Pfarrer gwest ist welcher.

Dieser kleine Vers verrät uns, wie schwer es ist, einen passenden Reim zustande zu bringen, selbst wenn eine ganze Pfarrgemeinde nachsinnt und dichtet. Auch der Geist der Dichtung weht, wo er will; mancherorts, wo zu Zeiten des Bedarfs völlige literarische Windstille geherrscht zu haben scheint, blieb nichts anderes übrig, als sich mit schnöder Prosa zu behelfen. Zweifellos kann auch Prosa bisweilen erhebend und erbaulich sein, wie folgende ausgewählte Beispiele zeigen sollen:

> Hier ruht der ehrsame Johann Mißegger.
> Auf der Hirschjagd durch einen
> unvorsichtigen Schuß erschossen
> aus aufrichtiger Freundschaft
> von seinem Schwager Anton Steger

Dazu paßt die Inschrift eines Wegkreuzes bei Nitterndorf im Lavanth-Tal:

> Dieses Kreuz ist aufgericht'
> Zu Ehren des Herrn Jesus Christ
> Der für uns gekreuziget ist
> Von den Bauern dieser Gemeinde

Bei den beiden vorstehenden Inschriften hat es eigentlich nur ein ganz klein wenig mit der Interpunktion gehapert. Beim folgenden Marterlvers fehlt es dagegen ein bissele an der Orthographie:

> Hier verunglicket der ehrsame Jungesel
> Andrae Wild, Ficharz von Sistras
>
> > (Marterl für einen Junggesellen
> > und Tierarzt von Sistrans)

Von einer Frau, die auf dem Weg nach Salthaus von einem Fuhrwerk überfahren worden war, kündete einst ein Marterl:

> Hier starb Maria Weigl,
> Mutter und Näherin von zwei Kindern.

An einer Mühle im Taufertal:

> Christliches Andenken an N. N.,
> der ohne menschliche Hülfe ums Leben gekommen ist.

Im südlichen Friedhof zu München soll sich ehedem folgende Grabinschrift befunden haben:

> Hier liegt unser theurer Sohn N. N.
> Sanft ruhe seine Asche,
> welche zu großen Hoffnungen berechtigte.

Auf der Grabplatte eines Pfarrers an der Pfarrkirche in Kemmathen:

> Er starb zum größten Leidwesen seiner Gemeinde
> eines seligen Todes.

Gut gemeint, nur nicht ganz so gut formuliert, eine Inschrift auf einer Grabtafel in Kirchanger bei Kirchberg im Brixental:

> Andenken an einen gutdenkenden Vater
> gegen seinen sechs unerzogenen Kindern
> von seiner verstorbenen Ehegattin,
> welche im Jahre 1842 gestorben ist.
> Gott und Maria zur schuldigen Dankbarkeit
> ist diese Tafel anhero geopfert worden 1845.

> Christliches Andenken an den ehrengeachteten
> Jüngling Heinrich Hauser,
> welcher im 11. Jahre seines Lebens
> am 12. Mai 1875 in diesem Landgraben verunglückte
> und dessen Leiche weder lebendig noch todt
> aufgefunden werden konnte.
> (Marterl bei Stumm im Zillertal)

Den Beschluß möge je eine ehemalige Grabinschrift von Tulfers (bei Hall, Tirol) und von Herrenchiemsee machen:

Hier ruht die ehr- und tugendsame Jungfrau
Rosina Baumgartner.

Liebe Rosina!
Wie so manche Nacht
haben wir mitsammen zugebracht,
bis der liebe Heiland kam
und dich wieder zu sich nahm.

———

Hier ruht in Gott N. N.
26 Jahre lebte er als Mensch
und 37 als Ehemann.

Es wäre falsch, die Verfertiger dieser mehr oder weniger geglückten Nachrufe etwa als leichtsinnige oder gar frivole Menschen anzusehen. Sie hatten nur ein anderes, kindlicheres Verhältnis zum Jenseits als wir. Wegen der bloßen Tatsache, daß dieser oder jener zufällig tot ist, braucht man – so sagte man sich – nicht unbedingt mehr Respekt und Hochachtung vor ihm oder ihr zu haben und man braucht auf der Grabinschrift auch nicht anders, vor allem nicht vornehmer und damit unverständlicher mit den Heimgegangenen zu sprechen als man zu ihren Lebzeiten mit ihnen gesprochen hat.

Das Verhältnis einer von der Zivilisation noch nicht angekränkelten Bauernbevölkerung zu den Toten ist ein ganz anderes als das der modernen Stadtleute. Ich habe das vor einigen Jahren erfahren, als ich dem alten Mesnerloisl von Innichen (Südtirol) beim Abendläuten helfen durfte. Als der letzte Ton der Armeseelenglocke verklungen war, bekreuzigte sich der Loisl und sagte zu den armen Seelen: „So, und jetz guet Nacht und schlofet guet mitanander".

Das bäuerliche Volk in Schwaben und Baiern verkehrt – oder müssen wir schon sagen: verkehrte? – mit den Jenseitigen nicht nur in ihrer Eigenschaft als Verstorbene; es hat in der Verehrung der Heiligen, insbesondere der bäuerlichen Heiligen, lebendigen und aus gegebenem Anlaß geradezu aktuellen Kontakt, z. B. mit den Heiligen Wendelin, Florian, Leonhard, den Vierzehn Nothelfern und vielen anderen; Kontakte, aus denen bisweilen geradezu Kontrakte werden können: „Du machst mir meine kranke Frau oder mein Kälble, das nicht fressen will, wieder gesund und ich gebe dir dann dafür ein schönes, gemaltes Ex-Voto-Täfele." Zeugnisse solcher Kontrakte des Diesseits mit dem Jenseits hängen noch heute in vielen bairischen und schwäbischen Wallfahrtskirchen und Kapellen.
Aber kehren wir wiederum ins Diesseits zurück!

Bairische Repräsentation, Schwäbische Antirepräsentation

Wir haben es schon einmal gesagt: der Schwabe ist im Gegensatz zum Baiern mehr ein Grübler und Sinnierer, ein Vernunft- und Verstandesmensch; der Baier ist eher ein Sinnenmensch, ein Augen- und Ohrenmensch.
Der Vergleich eines schönen bairischen Bauernhauses mit einem sauberen schwäbischen Bauernhaus läßt den Unterschied der Stammeseigenschaft seiner Bewohner ahnen. Am bairischen Haus entfaltet sich die ganze Sinnenfreude und Theatralik des barocken bairischen Menschen in Form und Farbe, die Freude an dem, was einem selber gefällt und was auch anderen gefallen soll.
Nichts davon beim typisch schwäbischen Bauernhaus: es ist nüchtern und zweckmäßig, es ist solid, sauber geputzt und immer blitzblank geweißelt. Der bairische Bauer will ein schönes Haus, an dem er und andere Freude haben, wenn sie es anschauen. Der schwäbische Bauer will ein praktisches Haus für sich selber und nicht so sehr ein Haus als Augenweide für andere.

Der bairische Bauer scheut sich im allgemeinen nicht, es andere sehen zu lassen, daß er etwas hat und daß er sich etwas leisten kann. „Wo ma was Gscheits hat, derf ma 's aa herzoagn". Sein Hof – und früher, als man noch Trachten trug, auch seine Tracht – sein Hausrat und Mobiliar, seine Rösser und ihr Geschirr sind für ihn immer noch Objekte öffentlicher Repräsentation. Die Ledigen, die noch keine sog. gestandenen Leute sind, infolgedessen auch noch nichts zum Herzeigen und zum Repräsentieren haben, renommieren dafür mit etwas, was die „gestandenen", weil verheirateten Mannsbilder, falls sie es überhaupt haben, dann jedenfalls nicht sagen, geschweige denn herzeigen dürfen:

>Bin vom Land außa
>a lustiga Bua,
>hab's Trücherl volla Menscha,
>bring 'n Deckel net zua.

>Dreizehn Deandl tue'r i liabn,
>allsamt in aan Kranz,
>wann da Teifi oans holt,
>bleibt's Dutzat no ganz.

Ein schwäbisches Selbstbewußtsein solcher Art gibt es nicht. Der Schwabe ist vielmehr allem abhold, was nach Repräsentation oder gar Angeberei aussieht oder aussehen könnte; er scheut sich geradezu, es zu zeigen, wenn er ein wohlhabender Mann ist. Es ist eine bewährte Lebensregel der wirtschaftlich doch recht erfolgreichen schwäbischen Rasse, daß man nach außen hin niemals merken lassen darf, wer man ist und was man hat. Der Schwabe tarnt seine Wohlhabenheit gerne mit dem Schilde der Bedürftigkeit. Es ist darum ein Zeichen soliden Wohlstands, wenn in Schwaben mehr als anderswo über die schlechten Zeiten geklagt wird. Bescheidenes Auftreten und Zurückhaltung ist für den Schwaben eine gute Referenz, während er zur Schau gestellter Wohlhabenheit mit Skepsis begegnet:

> Trau nie 'em nächste Beste,
> weil 's Ausseah täusche ka'.
> So mancher trait Manschette
> und hot koi Hemmed a'.

Um noch einmal auf die Häuser zurückzukommen: auch die sog. Lüftlmalerei, d. h. der schöne Brauch, Hausfassaden mit bunten Fresken zu bemalen, hat natürlich seine Heimat im Bairischen. Erst in neuerer Zeit macht man's da und dort im schwäbischen Alpenvorland nach; wahrscheinlich nicht so sehr aus eigenem Schmuck-Bedürfnis, sondern eher den Sommerfrischlern zuliebe. Den Nachbarn gegenüber wird man sich, so denke ich mir, mit dem Hinweis entschuldigen, daß man die Ausgaben für diese Malerei ja als Werbungskosten absetzen könne.

Als die Bürger und Bauern in Baiern und Schwaben noch Trachten trugen, da kam bei den Baiern die Lust am Prunk und Gepränge, das Hochgefühl des gestandenen Daherkommens nicht nur in den fröhlichen Farben, den Federn, den Hirschhorn- und Silberknöpfen, den Blumen, den eingestickten Hirschen und Gemsen zur Geltung, sondern vor allem im überreichen Schmuckbehang, dessen melodisches Geklirr die silberne Pracht noch akustisch erhöhte.

Nicht so die Schwaben. Ihre Trachten waren zu jeder Zeit im Vergleich zu den bairischen zurückhaltend, teilweise fast kärglich. Vielleicht ist das ein Stück Erbmasse, wenn man sich daran erinnert, daß die Urheimat der Schwaben die hungrige brandenburgische Streusandbüchse ist.

Aber nicht nur die bairischen Bürger und Bauern sind von jeher Augenmenschen gewesen; dem Umstand, daß auch die bairischen Landesväter es waren – ganz gleich nun, ob sie Max, Ludwig oder Otto geheißen haben – verdankt der bayerische Staat seine weltberühmten Kunstsammlungen, für die es in Schwaben keine Parallelen gibt. Das soll nun beileibe nicht heißen, daß die Schwaben zu künstlerischem Schaffen etwa weniger befähigt seien als die bairischen Augenmenschen. Schwaben hat ganz gewiß nicht weniger Künstler hervorgebracht als das bairische Land; in Schwaben sind auch nicht weniger und nicht weniger bedeutende Kunstwerke geschaffen worden als in Baiern.
Aber nun kommt der Unterschied zwischen den Baiern einerseits und den Schwaben andererseits:
Die Baiern haben sich nicht mit dem Schaffen allein begnügt, sie haben sich auch am Geschaffenen g e f r e u t. Da aber bekanntlich aus der Freude am Anschauen im allgemeinen der Wunsch zum Besitz erwächst, haben die Baiern zum Eigenen auch Fremdes zusammengetragen und zusammengestellt, um es immer anschauen und sich daran freuen zu können. Die Kunstsammlungen der bairischen Landesfürsten gehen bis ins 16. Jahrhundert zurück.
Vielleicht ist, da in diesen Jahren der Name Albrecht Dürer in aller Munde war, der Hinweis auf die „Vier Apostel" des Nürnberger Meisters erlaubt. Der neugebackene Kurfürst Maximilian von Baiern, Oberkommandierender der katholischen „Liga" im Dreißigjährigen Krieg, wünschte sich eines Tages diese „Vier Apostel" von der protestantischen Stadt Nürnberg als „Geschenk" für seine „Kammergalerie" in der Münchner Residenz. Da die protestantischen Nürnberger ihre „Vier Apostel" dem katholischen Kurfürsten nicht für nichts und wieder nichts zum Präsent machen wollten, andererseits aber zu jenem Zeitpunkt sich auch nicht leisten konnten, den Allgewaltigen zu vergrämen, kam man

schließlich zu einem Kompromiß: der Kurfürst sollte die „Vier Apostel" nach München verbringen dürfen, um sie dort für seine Galerie kopieren zu lassen.

Kleiner Schönheitsfehler: als die ausgezeichnet gelungenen Kopien fertig waren, hat der bairische Kurfürst den Nürnbergern die Kopien geschickt und die Originale in München behalten.

Zweiter Schönheitsfehler: die Nürnberger haben den Schwindel zuerst nicht bemerkt, und als sie es merkten, war es zu spät. So kommt es, daß die „Vier Apostel", die Albrecht Dürer ausdrücklich seiner Vaterstadt vermacht hat, heute in der „Alten Pinakothek" in München hängen, in Nürnberg aber nur die Kopien davon.

Und weil wir nun schon gerade beim Thema „Kurfürsten" sind, liegt es nahe, an ein Lied zu denken, das ehedem im Schwabenland oft und mit Wollust gesungen worden ist:

> Preisend mit viel schönen Reden
> Ihrer Länder Wert und Zahl,
> Saßen viele deutsche Fürsten
> Einst zu Worms im Kaisersaal.

Eine Unterhaltung auf höchster Ebene also und dementsprechend von hohem Niveau:

> „Herrlich", sprach der Fürst von Sachsen,
> „Ist mein Land und seine Macht,
> Silber hegen seine Berge
> Wohl in manchem tiefen Schacht."

Es wird rundum repräsentiert und „herzoagt". Da kann auch der Baiernfürst Ludwig nicht länger an sich halten:

> „Große Städte, reiche Klöster",
> Ludwig, Herr zu Baiern sprach,
> „Machen, daß mein Land den Euern
> Wohl nicht steht an Schätzen nach."

In diesem Ton geht es weiter. Einer versucht den andern zu übertreffen und zu übertrumpfen. Bloß ein einziger Fürst hat noch nichts gesagt; still und stumm sitzt er auf seinem Bänkle und sinniert bloß ein bissele vor sich hin: der Schwabe.
Auch er hätte sicher etwas gehabt, um die anderen Protzen anzuprotzen, wenn auch das Automobil und das Unterseeboot und der Zeppelin damals von den Schwaben noch nicht erfunden waren. Aber der Fürst der Schwaben protzt nicht und renommiert nicht: er stapelt tief, in einem Winkel seines Herzens hoffend, daß im rechten Zeitpunkt dann schon einer da sein wird, der das Tiefgestapelte zurechtrückt:

> Eberhard der mit dem Barte,
> Württembergs geliebter Herr,
> Sprach: „Mein Land hat keine Schätze,
> Trägt nicht Berge silberschwer.
>
> Doch ein Kleinod hälts verborgen:
> Daß in Wäldern noch so groß
> Ich mein Haupt kann kühnlich legen
> Jedem Untertan in' Schoß."

Und nun kommt es genau so, wie Eberhard der mit dem Barte es vielleicht heimlich und hählinge erhofft hatte:

> Und es rief der Herr von Sachsen,
> Der von Baiern, der vom Rhein:
> „Graf im Bart, Ihr seid der reichste!
> Euer Land trägt Edelstein."   (J. Kerner)

Schwäbische Bescheidenheit trägt letztlich den Triumph davon. „Denn es steht geschrieben: Wer sich selbst erhöhet, der wird erniedrigt werden; wer sich aber selbst erniedrigt, der wird erhöhet werden."

Lasset uns noch ein wenig in der erlauchten Gesellschaft von Fürsten weilen!

Der mehr als ausgeprägte Sinn für Repräsentation, den der Baiernkönig Ludwig II. auf allen Gebieten entfaltete, wurde von den Schwaben seinerzeit heftig kritisiert, von den Baiern indessen nicht nur gebilligt, sondern auch verstanden und bewundert – einst wie heute.

Im bairischen Marstall-Museum, das heute im Nymphenburger Schloß in München untergebracht ist, kann man die Staatskarosse Ludwigs II. betrachten. Was sich an kostbarem Zierat und überschwenglichem Prunk denken läßt, ist hier geboten. So eine Kutsche müßte eigentlich von einem Sechsergespann stolzer weißer Hirsche gezogen werden. Wahrscheinlich hätte man dem Märchenkönig auch nicht lange zuzureden brauchen, und er hätte Hirsche einspannen lassen, falls es dressierte weiße Hirsche gegeben hätte.

Ein Schwabe, der vor dieser Prunk-Karosse steht, erinnert sich unwillkürlich an den schwäbischen Bischof Ulrich von Augsburg und **seine** Art zu reisen. Bischof Ulrich (890–973) ist zwar kein König gewesen; aber seine politische Bedeutung, sein Einfluß auf die deutsche und die europäische Politik, seine Möglichkeiten, Macht zu üben, waren – soweit man das überhaupt vergleichen kann – größer als die Bedeutung und Machtfülle König Ludwigs II. Bischof Ulrich, dem Deutschland und Europa verdankt, daß sich das Abendland im Jahre 955 die asiatischen Eindringlinge für die nächsten tausend Jahre vom Hals schaffen konnte, war ein Schwabe. Und darum fuhr er, obwohl er es sich hätte leisten können und es ihm auch zugestanden hätte, in keiner Staatskarosse. Wenn Bischof Ulrich, wie er es alljährlich zu tun pflegte, seinen Augsburger Bischofs-Sprengel persönlich in Augenschein nahm, dann reiste er auf einem bescheidenen Wägele, das von einem oder von zwei Ochsen im Drei-Kilometer-Tempo gezogen wurde. Wer den Bischof sprechen wollte, konnte auf diese Weise bequem und gemütlich neben dem Gäu-Wägele herlaufen und dem Bischof sein Anliegen vortragen. Da das Volk von dieser Möglichkeit regen Gebrauch machte, hatte Bischof Ulrich auf diese Weise nicht nur von Ort zu Ort einen kostenlosen Begleitschutz, er sparte auch viel Zeit für Audienzen. Und da er auch für Image-Pflege keine Zeit verschwendete, hatte er Zeit für anderes. Er ist ohne jegliche Repräsentation ein großer Mann auf Erden geworden. Darüber hinaus führt er als der erste von der Kirche heiliggesprochene Mensch mit schwäbischer Bescheidenheit und Gediegenheit das Heer der himmlischen Helfer an.

Nicht nur auf der materiellen Ebene setzt der Schwabe dem Überschwang, der dem Baiern eher sympathisch als zuwider ist, seine angeborene Nüchternheit entgegen. Auch wenn es um Gefühle geht, bleibt der Schwabe auf dem bodenständigen Flecklesteppich. Der Dichter Emanuel Geibel, ein gebürtiger Lübecker, nachmals Professor für Ästhetik, besuchte einmal seinen schwäbischen Dichterfreund Eduard Mörike in Stuttgart. Bei einer bescheidenen Lustfahrt, die man in einem Kutschenwägele nach Cannstatt unternahm, begeisterte sich Geibel als Poet pflichtgemäß über den an diesem Tag besonders schönen abendlichen Himmel: die untergehende Sonne vergoldete im Abendrot schwimmende unzählige kleine Wölklein. „Ist es nicht", so rief Geibel voller Pathos aus, „ist es nicht, als nähmen alle guten Geister wehmütig Abschied?" Drauf der über diesen Gefühlsausbruch fast erschrockene Mörike: „Des heißt ma bei uns Schäfle".

Ein Stück Repräsentation ist auch die Sprache, mit der man Gedanken und Gefühle zum Ausdruck bringt. Es wäre reizvoll, einmal die bairischen Mundarten, Redensarten und Worte unter diesem Gesichtspunkt mit den schwäbischen zu vergleichen; es gäbe ein eigenes Buch. Begnügen wir uns hier als Beweis dafür, daß auch die Sprache ein wesentliches Stück Repräsentation ist, mit der Gegenüberstellung bairischer und schwäbischer Namen. Wir beginnen wieder ganz profan, um dann zum Erhabenen fortzuschreiten.

Schauen wir uns einmal eine schwäbische und eine bairische Speisekarte an, wobei wir – wie bei den Trutzgesängen – die österreichischen Bajuwaren bzw. Speisekarten einbeziehen. Wiewohl man in Schwaben bekanntlich zu kochen versteht, würde es doch niemals einem Schwaben einfallen, ein ausgelöstes Stück von einem geräucherten Schweinsripple als „Kaiserfleisch" zu bezeichnen, wie es die auf Repräsentation bedachten bajuwarischen Österreicher tun, die ja auch einen schlichten Eierhaber zum „Kaiserschmarrn" erheben und den Schlagrahm zum „Schlagobers" befördern. Was im Schwäbischen mit „Gsälz" gefüllte Flädle sind, das serviert der Bajuware bombastisch als „Palatschinken." Aus einem sauren Lungenhaschee, das sich, wie man glauben sollte, in keiner Weise für repräsentative Zwecke anbietet, macht der Österreicher aber immerhin noch ein „Salonbeuscherl."

Vor die Wahl zwischen Angabe und Tiefstapelei gestellt, wählt der Schwabe, ohne nachdenken zu müssen, das letztere. Damit hängt es auch zusammen, daß die Schwaben längst nicht so gescheit ausschauen, wie sie in Wirklichkeit sind.

Hören wir uns nach den Namen schwäbischer und bairischer Speisen die Namen schwäbischer und bairischer Menschen an!
In Baiern heißt man Gsottmaier, Zirngibl, Hirnbeiß, Schanderl, Wimmerl, Empfenzeder oder Permaneder. Welcher sprachliche Wohllaut! Welcher Aufwand an Vokalen und Konsonanten, welche Musikalität! Sie ist wohl ein Souvenir aus Böhmens Wald und Flur. In Baiern heißt man Hierangl, Queri oder Eutermoser. Kein Mensch weiß, was diese Namen bedeuten; möglicherweise s i n d sie gar nicht zu deuten – sie stehen einfach da und sind schön.
Und dagegen nun die rein sachbezogenen, nüchternen schwäbischen Familiennamen. In Schwaben heißt man

Lederle oder Federle,
Hösle oder Jäckle,
Bendele oder Spägele,
Stähle oder Blechle,
Eisele oder Bleyle,
Gäbele oder Hämmerle,
Hölzle oder Stöckle,
Schiefele oder Scheufele,
Wägele oder Sättele,
Krügle oder Kächele,
Kübele oder Häfele,
Öfele oder Röhrle,
Schindele oder Scheuerle,
Kämmerle oder Städele,
Eckerle oder Weckerle,
Klöpfle oder Klingele,
Feuerle oder Brändle,
Sälzle oder Schmälzle,
Pfefferle oder Speckle,
Küchle oder Knöpfle oder Würstle...

Mehr als andere Stämme es getan haben, sahen sich die Schwaben bei der Namensuche in der Natur um. Deshalb gibt es in Schwaben

> Eichele, Fichtele, Büchele, Kieferle, Weidle,
> Feigele, Rösle und Nägele,
> Gerstle, Hälmle und Häberle,
> Mösle und Seele,
> Erdle, Steinle und Sträßle.

Besonders eng verbunden fühlen sich die Schwaben offenbar mit dem Tierreich. Viele von ihnen nennen sich infolgedessen

> Rössle, Öxle oder Rinderle,
> Rehle oder Hirschle,
> Schweinle, Eberle oder Bräckle,
> Vögele oder Nestle,
> Wölfle oder Füchsle,
> Lämmle oder Böckle
> Fröschle oder Göckele,
> Käferle oder Mäusle.

Als braver Mann denkt der Schwabe auch bei der Namengebung an sich selbst zuletzt. Erst, wenn ihm nichts anderes mehr einfällt, kommt er auf Namen wie

> Härle und Bärtle,
> Händle, Fäustle und Fingerle,
> Ränzle und Mägele,
> Bäuchle und Brüstle,
> Glätzle, Häutle oder gar Löchle.

Nichts von Wohllaut, nichts von Musik und Sprachenprunk. Pure Sachlichkeit. Und dazu dann alles noch mit Hilfe der schwäbischen Patentsilbe „le" verkleinert, zum Teil aus stammesbedingter Bescheidenheit, vor allem aber aus Abneigung gegen Jegliches, was nach Repräsentation aussehen könnte. Die schwäbische Sucht, alles zu verkleinern, macht auch vor der Selbstverkleinerung nicht halt. Warum es keine klassischen Heldengestalten mit schwäbischen Namen gibt und warum man seine Kinder nicht Horst oder Kraft-Dieter oder gar Astrid nennen soll, wenn man in Schwaben wohnt, das habe ich bereits in dem Büchlein „Auch Schwaben sind Menschen" ausführlich dargetan; auch das „Herschtle", „Kraft-Dieterle" und „Aschtridle" sind Belege für den schwäbischen Hang zur Anti-Repräsentation.

Soviel über die Baiern und die Schwaben. Mancher Leser wird nun frohlocken und fröhlich sein, weil er sich zu einem dieser Stämme rechnen darf, über die soviel Gutes und Schönes gesagt worden ist. Freilich, nicht alle können des Ruhmes teilhaftig werden, den über Baiern und Schwaben gleichermaßen auszugießen der Verfasser sich bemüht hat, und zwar einzig und allein deswegen nicht, weil sie bedauerlicherweise keine Baiern und keine Schwaben sind. Kleiner Schönheitsfehler.

Nachrede

Farbenprächtiger bairischer Frauenschmuck um 600 n. Chr.
aus dem 1969 aufgedeckten Reihengräberfeld Weiding

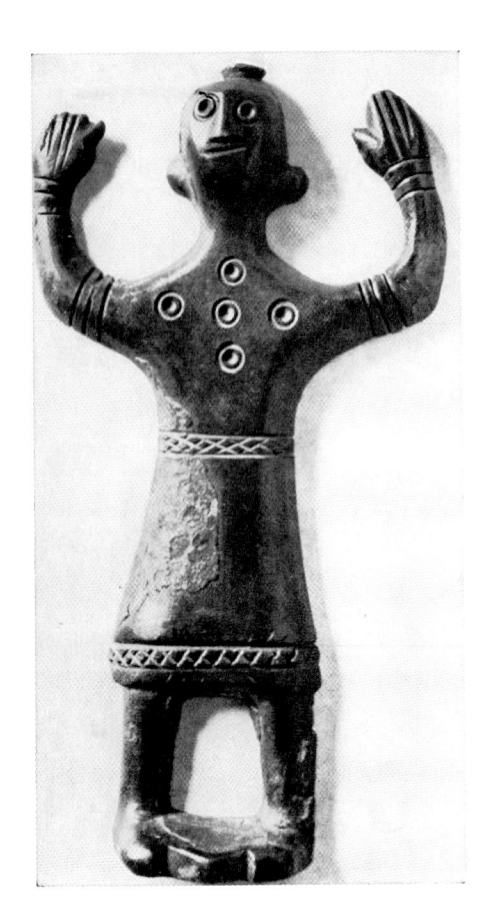

Keltische Hausgötter. Links: um 100 v. Chr. aus der Gegend von Imst
Rechts: 4. Jahrh. v. Chr. aus der Gegend von Ilsfeld

Im Vergleich zu Seite 102: sogenannte Klausenmännle aus Brotteig, wie sie noch heute an einigen Orten Schwabens am Nikolaustag gebacken werden

Die sogenannte Vase von Bavay mit dem Bild des dreigesichtigen keltischen Gottes

Im Vergleich zu Seite 104: Christliches Wallfahrtsbild in der Kapelle Mariahilf in Unterrohr bei Wettenhausen (Schwaben). Fortdauer vorchristlicher Überlieferung in christlichem Gewand

Bairisches Bauernhaus in Rottach-Egern am Tegernsee, 2. Hälfte 18. Jahrhundert

Das „Pilatushaus" in Oberammergau, datiert 1784

Bairischer
Bauernschrank um 1800

Bauernschrank
aus Tölz (Obb.) 1835

Frauentracht in Schliersee (Obb.)

Dirndl in
Bairischer
Gebirgstracht

Niederbaier in alter bodenständiger Tracht

Schuhplattler-Vorführung

Votivbild von 1826 aus Hampersberg (Oberbayern)
Eine Bäuerin empfiehlt sich, ihre Kuh und ihre 52 Gänse dem Schutz der Muttergottes von Andechs

Votivbild von 1882 aus Emmersdorf (Niederbayern). Ein bäuerliches Ehepaar stellt sich den himmlischen Schutzmächten mit Hof und gesamtem Viehbestand an Pferden, Stieren, Kühen, Jungvieh, Schweinen und Schafen vor

Prunk-Karosse Ludwigs II. (1864–1886), König von Bayern,
im Marstall-Museum (Schloß Nymphenburg)

Der bayrische
König Ludwig II.
in der Blauen Grotte
seines Schlosses Linderhof

Dienstmagd eines Bürgerhauses
in der ehemals
Freien Reichsstadt Kempten
Malerei auf einer Flurtür,
Mitte 18. Jahrhundert

Schwäbischer Schmuck
Goldene Scheibenfibel aus dem Reihengräberfeld Mindelheim, 7. Jahrh. n. Chr.

Schwäbisches Bauernhaus in Immenthal (Allgäu)
datiert 1838

Schwäbisches Bauernhaus in Pfronten (Allgäu)
datiert 1861

Schrank aus dem Haushalt der schwäbischen Patrizierfamilie von Jenisch in Kempten, datiert 1730

Schwäbischer Schrank
aus Obergünzburg
um 1790

Tracht
in Balderschwang (Allgäu)
1852

Erneuerte
schwäbische
Musikantentracht
1965

Bauer aus Oberstdorf (Allgäu)
nach einer Zeichnung von R. Scheller, um 1940

Bauer aus Holzkirchen (Ries) um 1960

Eine schwäbische Stubenmusik, 1977

Votivbild
aus Fischen (Allgäu)
von 1777.
Eine Bäuerin
ohne jegliches
repräsentatives Zubehör
empfiehlt sich der
Schmerzensreichen
Muttergottes

Zwei Votivbilder des 19. Jahrhunderts aus dem Allgäu. Musterbeispiele schwäbischer Nüchternheit, Sachlichkeit und Sparsamkeit – selbst im Umgang mit himmlischen Mächten

Benützte Literatur

Bilgeri, Benedikt: Der Bund ob dem See. Stuttgart 1968
Dreselly, Anton: Grabschriften, Marterl-, Bildstöckl- und Totenbrettverse. Salzburg 1901
Eberl, Bartholomäus: Die Bajuwaren. Augsburg 1966
Feger, Otto: Geschichte des Bodenseeraumes, 3 Bde. Lindau 1958–63
Hörmann, Ludwig: Grabschriften und Marterlen. Leipzig 1890–96
Hubensteiner, Benno: Bayerische Geschichte. München o.J.
Kiem, Pauli: Ungedruckte Materialsammlung beim Bayer. Landesverein für Heimatpflege, München
Lachner, Johann: 999 Worte Bayrisch. München 1964
Lutz, Josef Maria: Bayrisch. Was nicht im Wörterbuch steht. München 1950
Nietzsche, Friedrich: Jenseits von Gut und Böse. Leipzig 1886
Pock, Johann Josef: Politischer katholischer Passagier, durchreisend alle hohen Höfe, Republiken, Herrschafften und Länder der ganzen Welt. Augsburg 1718. Auszüge daraus: Friedl Brehm, Die Saubayern und andere. Feldafing 1958
Probst, Max: Schwäbische Liedblätter No. 11. Kempten o.J.
Queri, Georg: Kraftbayrisch. Ein Wörterbuch der erotischen und skatologischen Redensarten der Altbaiern. München 1912
Schmidkunz, Walter: Auf der Alm. 365 waschechte Schnaderhüpfln. Erfurt 1934
Simonsfeld, H.: Der Bucintoro auf dem Starnberger See. Jahrbuch für Münchner Geschichte Bd. IV. Bamberg 1890
Stadler, Clemens: Schwaben im bayrischen Staatswappen. Zeitschrift des Histor. Vereins für Schwaben, Bd. 57. Augsburg 1950
Steub, Ludwig: Über die Urbewohner Rätiens. München 1843
Thoma, Ludwig: Gesammelte Werke, Band I. München 1922
Tours, Gregor von: Historiarum libri X. Herausgegeben von B. Krusch und W. Levison in „Monumenta Germaniae Historica", scriptores rerum Merovingicarum. 1. Leipzig 1951
Treichlinger, W.M.: Wohl ist ihr und auch mir. Gesammelte Grabsprüche. Zürich 1955
Weitnauer, Alfred: Keltisches Erbe in Schwaben und Baiern. Kempten 1961
Derselbe: Allgäuer Chronik, Textband I und II. Kempten 1969 und 1971

Bildnachweis

S. 101: Für Überlassung des Klischees danken wir der „Allgäuer Alpenmilch A.G., München". *S. 102—105:* Abbildungen entnommen dem Buch A. Weitnauer, Keltisches Erbe in Schwaben und Baiern; Kempten 1961. *S. 106:* Aufnahme Oscar Poss. *S. 107:* Die Vorlage wurde uns vom Bayer. Landesamt für Denkmalpflege überlassen. *S. 108:* Museum Kaufbeuren. Aufnahme Dr. A. Weitnauer. *S. 109:* Museum Landshut (Ndb.). Die Farbaufnahme von Preiß & Co., München, wurde uns freundlicherweise überlassen vom Callwey-Verlag, München. *S. 110:* Das Klischee wurde uns vom Bayer. Landesverein für Heimatpflege, München, überlassen. Herrn Hans Roth vom Landesverein danken wir für die Mithilfe bei der Bildbeschaffung. *S. 111:* Bildsammlung Dr. Weitnauer. *S. 112:* Bayer. Landesverein für Heimatpflege, München. *S. 113:* Bildsammlung Dr. Weitnauer. *S. 114 und 115:* Entnommen dem Bändchen A. Weitnauer, Himmel voller Helfer, Welt voller Wunder; Kempten 1969. *S. 116:* Bayer. Nationalmuseum. Aufnahme überlassen vom Bildarchiv des Südd. Verlags, München. *S. 117:* Aufnahme überlassen von der Staatl. Verwaltung der Bayer. Schlösser, München. *S. 118:* Marstallmuseum, München. Foto-Vorlage Staatl. Schlösserverwaltung, München. *S. 119:* Wiedergabe nach einer zeitgen. Postkarte, entnommen aus A. Weitnauer, Unfreiwilliger Humor, Bd. 2. *S. 120:* Allgäuer Heimatmuseum, Aufn. Hübner, Kempten. *S. 121:* Museum Mindelheim. Abb. entnommen aus A. Weitnauer, Allgäuer Chronik, Bildband; Kempten 1962. *S. 122:* Aufn. Götzger. *S. 123:* Aufn. Fehr-Bechtel. *S. 124:* Privatbesitz Lenzfried. Aufn. Dr. A. Weitnauer. *S. 125:* Privatbesitz Obergünzburg. Aufn. Müller. Die Farbvorlage wurde uns freundlicherweise von der Fa. Dr. Heinrich Nicolaus, Kempten, zur Verfügung gestellt. *S. 126:* Entnommen dem Bändchen A. Weitnauer, Tracht und Gwand im Schwabenland; Kempten 1957. *S. 127:* Aufn. Dr. A. Weitnauer. *S. 128:* Museum Kempten. Aufn. Dr. A. Weitnauer. *S. 129:* Aufn. Simon-Nördlingen. *S. 130:* Aufn. Hackenberg, Oberstdorf. Foto überlassen von Jutta Kerber. *S. 131:* A. Weitnauer, Himmel voller Helfer, Welt voller Wunder. *S. 132:* Sammlung Frau Dr. Beck, Ulm.

Weitere Bücher von Dr. Alfred Weitnauer

Allgäuer Sprüche

Bewährte Lebensphilosophie in der Joppentasche. Über 100 000 Exemplare bereits verkauft. Band I und II jeweils 46 Seiten stark mit 10 ganzseitigen bunten Bildern von Siegfried Sambs. Reizende Geschenkausgabe, urwüchsig und originell. DM 7.80

Sing nicht, Vogel!

Ein heiteres Spiel um den Pfarrer von Kirchdorf, in Rundfunk und Fernsehen mit Willy Reichert und Dieter Borsche mehrfach gesendet. 56 Seiten, 10 Illustrationen von Helga Nocker, 4 Fotos aus der Fernsehsendung. DM 7.80

Auch Schwaben sind Menschen

Ein reizendes Mitbringsel voller Pointen und Überraschungen, das Freude schenkt und Spaß macht. Erfolgsbuch mit 100 000 Auflage. 136 Seiten, 58 lustige Zeichnungen von Heinz Schubert. DM 8.60

Sängers Fluch

Neun Klassiker-Parodien in schwäbischer Mundart mit 38 Illustrationen von Eberhard Neef. Inhalt: Sängers Fluch, Der Taucher, Der Ring des Polykrates, Das Gewitter, Der Kampf mit dem Drachen, Erlkönig, Die Kraniche des Ibykus, Die Bürgschaft, Der Handschuh. DM 8.80

Die Allgäuer Rasse

Eine nicht allzu ernste Abhandlung über Anatomie, Seelenleben und Tugenden der Allgäuer Sonderrasse. Hier lacht und lächelt ein Stamm über sich selbst. Die Lektüre dieses köstlichen Büchleins ist bis zur letzten Zeile ein ungetrübter Genuß. 112 Seiten, 40 Illustrationen von Heinz Schubert. DM 12.80

Drei Könige im Schwabenland

Ein barock-modernes, urwüchsiges Dreikönigsspiel in schwäbischer Mundart. Wiederholt vom Bayerischen, Süddeutschen und vom Österreichischen Rundfunk aufgeführt. Originell ausgestattete Geschenkausgabe, 48 Seiten, 6 ganzseitige Farbbilder.
DM 12.80

Schwabenstückle

Fast jeder Schwabe ist ein Philosoph, nur wissen's die wenigsten. Die Zusammenfassung von 70 schwäbischen Streichen ist von so herzhaft guter Art, daß man daran seine helle Freude hat. 78 bunte Illustrationen von Eberhard Neef. DM 13.80

Nix Kultura

Unzeitgemäße Betrachtungen eines Heimatpflegers. Hier wird hart, aber zugleich mit viel Humor Zeitkritik geübt. 39 heitere Illustrationen von Eberhard Neef ergänzen den Text. 192 Seiten.
DM 16.80

Lachendes Allgäu

Urwüchsiger, herzhafter Humor, bei dem kein Auge trocken bleibt. Dazu 195 bunte Illustrationen von Eberhard Neef. In weiß-rotem Dirndlleinen gebunden. Mit 180 000 Exemplaren die höchste Auflage, die je ein Allgäu-Buch erreicht hat. DM 17.50

Preise: Stand August 1977

ALLGÄUER ZEITUNGSVERLAG KEMPTEN